国家高端智库
NATIONAL HIGH-END THINK TANK

上海社会科学院重要学术成果丛书·专著

中/国/式/现/代/化/系/列

国际科创合作的
政策范式与路径选择

以"一带一路"国家为例

Policy Paradigm and Path Selection of
International Science, Technology and Innovation Cooperation

Illustrated by the Countries along "the Belt and Road"

赵付春/著

上海人民出版社

本书出版受到上海社会科学院重要学术成果出版资助项目的资助

本书系国家社科基金一般项目"基于范式相似度的'一带一路'国家科技创新政策比较研究"（项目批准号：18BGL040）成果

编审委员会

总　序

当今世界,百年变局和世纪疫情交织叠加,新一轮科技革命和产业变革正以前所未有的速度、强度和深度重塑全球格局,更新人类的思想观念和知识系统。当下,我们正经历着中国历史上最为广泛而深刻的社会变革,也正在进行着人类历史上最为宏大而独特的实践创新。历史表明,社会大变革时代一定是哲学社会科学大发展的时代。

上海社会科学院作为首批国家高端智库建设试点单位,始终坚持以习近平新时代中国特色社会主义思想为指导,围绕服务国家和上海发展、服务构建中国特色哲学社会科学,顺应大势,守正创新,大力推进学科发展与智库建设深度融合。在庆祝中国共产党百年华诞之际,上海社科院实施重要学术成果出版资助计划,推出"上海社会科学院重要学术成果丛书",旨在促进成果转化,提升研究质量,扩大学术影响,更好回馈社会、服务社会。

"上海社会科学院重要学术成果丛书"包括学术专著、译著、研究报告、论文集等多个系列,涉及哲学社会科学的经典学科、新兴学科和"冷门绝学"。著作中既有基础理论的深化探索,也有应用实践的系统探究;既有全球发展的战略研判,也有中国改革开放的经验总结,还有地方创新的深度解析。作者中有成果颇丰的学术带头人,也不乏崭露头角的后起之秀。寄望丛书能从一个侧面反映上海社科院的学术追求,体现中国特色、时代特征、上海特点,坚持人民性、科学性、实践性,致力于出思想、出成果、出人才。

学术无止境,创新不停息。上海社科院要成为哲学社会科学创新的重要基地、具有国内外重要影响力的高端智库,必须深入学习、深刻领会习近平总书记关于哲学社会科学的重要论述,树立正确的政治方向、价值取向和学术导向,聚焦重大问题,不断加强前瞻性、战略性、储备性研究,为全面建设社会主义现代化国家,为把上海建设成为具有世界影响力的社会主义现代化国际大都市,提供更高质量、更大力度的智力支持。建好"理论库"、当好"智囊团"任重道远,惟有持续努力,不懈奋斗。

上海社科院院长、国家高端智库首席专家

目　录

第一章
绪　论

第一节　研究背景

改革开放以来,按照"平等互利、成果共享、保护知识产权、尊重国际惯例"的原则,中国深入广泛地开展国际科技合作,通过引进、吸收再消化、自主创新等方式与科技发达国家合作,经历了恢复阶段、全面发展阶段和互利共赢三个发展阶段(程如烟,2008),至今已经形成了多领域、多层次、全方位的合作格局。

"一带一路"倡议是中国国家主席习近平于 2013 年 9 月正式提出的国际合作倡议,是世界上跨度最长的经济大走廊,发端于中国,贯通中亚、东南亚、南亚、西亚乃至欧洲部分区域,初始国家数量 60 多个,总人口约 44 亿,经济总量约 21 万亿美元,分别约占全球的 63%和 29%。随着近年来的蓬勃发展,以及中国国力的不断提升,参与国数量和范围不断增长,已经扩展到非洲和南美的多数发展中国家。这一倡议的顺利推进无疑有利于这一大区域内的国家和地区增强互信,实现全球的共同繁荣,建立命运共同体。

在党中央精神的指引下,有关科创合作的国家、地方相关战略性文件陆续出台。2015 年 3 月 28 日,国家发展改革委、外交部、商务部联合发布《推动共建丝绸之路经济带和 21 世纪海上丝绸之路的愿景与行动》,提出"政策沟通、设施联通、贸易畅通、资金融通、民心相通"五项合作重点,这也成为"一带一路"沿线国家科技合作的纲要性文件。

在国际科技创新合作方面,2017年,科技部出台《"十三五"国际科技创新合作专项规划》,其中提出"全面发挥科技创新合作对共建'一带一路'的先导作用,打造发展理念相通、要素流动畅通、科技设施联通、创新链条融通、人员交流顺通的创新共同体"。

"一带一路"倡议极大地拓宽和提升了中国的国际科创合作水平。通过进一步与沿线国家形成广泛的科技、贸易和人文合作,有效地促进了彼此的科技进步、经济发展和人文交流,迄今为止,取得了良好的效果。根据科技部官员公布的最新数据,自2016年以来,共支持与"一带一路"国家联合研究项目1 118项,累计投入中央财政经费29.9亿元。在创新平台合作方面,现已在农业、新能源、卫生健康等领域启动建设了33家"一带一路"联合实验室,涉及30个共建"一带一路"国家。此外,还与共建"一带一路"国家联合建立了31个双边或者多边的国际技术转移中心。[①]2021年8月公布了第三批"一带一路"联合实验室名单之后,总数达到51个。[②]

值得注意的是,自2020年疫情暴发以来,新冠肺炎疫情危机的出现加速而非减弱了国际科创合作的趋势。各国普遍认识到,加强国际科研合作研发比任何时候都更加重要,是人类共同应对普遍性危机的关键。疫情进一步开放了对数据和出版物的访问,增加了数字工具的使用,促进了各种跨国的公私伙伴关系,并鼓励各方面的积极参与。截至2020年8月,各国政府、企业和民间机构承诺提供约20亿美元用于国际研究工作,主要用于开发新冠肺炎疫苗(OECD,2021)。

[①] 根据科技部巡视员阮湘平在2021年浦江创新论坛的介绍,这也是国家相关部门公布的最新数据,https://www.sohu.com/a/470276754_731021,访问时间:2023年6月9日。

[②] 这是最新可获得数据,此后官方未再批类似实验室。

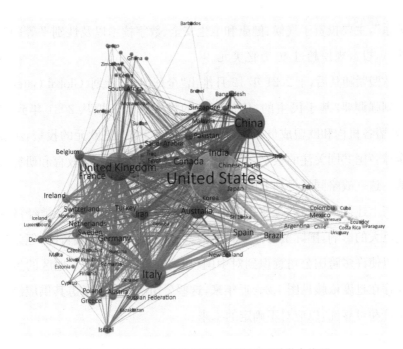

图 1.1　新冠肺炎生物医药研究的国际科学合作网

时间点：截至 2020 年 12 月 30 日，连线表示研究合作关系，粗细表示数量。
资料来源：OECD(2021)。

但与此同时，近年来国际形势动荡变化，黑天鹅、灰犀牛事件接踵而来，国际科创合作格局面临一系列的考验。一方面是欧美与中国之间的意识形态对抗有日益加剧的趋势，加紧了对中国企业"走出去"的围堵，以国家安全、侵犯知识产权为由限制中国企业的正常市场行为。[①]为了对抗"一带一路"，美国拜登政府于 2021 年 6 月推出"重建更美好的世界"(Build Back Better World，简称"B3W")计划，旨在满足全球中低收入国家巨大基础设施需求的积极倡议，得到了七国集团国家的认同并有各自的地理定位。此项计划号称是"由主要民主国家领导的价值驱动、高标准和透明的基础设施伙

[①] 新华国际时评：《英国禁华为损人害己》，http://www.news.cn/world/2022-01/19/c_1128279786.htm，访问时间：2023 年 6 月 9 日；德恒探索：《意大利及欧盟"黄金权力"的扩大适用对中国企业的影响》，2020 年 10 月 9 日，http://www.ciodpa.org.cn/index.php?m＝content&c＝index&a＝show&catid=113&id=3602，访问时间：2023 年 6 月 9 日。

伴关系",主要投资于气候、健康和卫生安全、数字技术以及性别平等四个重点领域,投资规模超过 40 万亿美元。①

欧盟紧随其后,于 2021 年 12 月推出"全球门户"计划(Global Gateway)。该计划强调要"基于民主的、价值驱动的投资路径",拟从 2021 年到 2027 年,欧盟各机构和欧盟成员国联合将动员高达 3 000 亿欧元的投资,主要用于全球各国共同关注的数字、气候和能源、交通运输、健康、教育和研究五大领域。这一战略同样得到七国集团国家的加持。②

与上述科技领域的合作相反,新冠肺炎疫情同时也导致各类经济活动受到巨大的影响,国际贸易额受到冲击。尽管这一冲击是短暂的,但是这已经足以使许多跨国公司意识到对中国、东南亚和其他低成本地区的生产和供应存在过度依赖见图 1.2。近年来,这些公司已经重新考虑其供应链及其稳定性和可靠性,以应对不确定的未来。

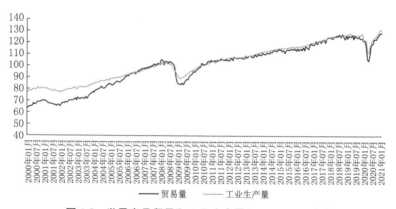

图 1.2 世界商品贸易和工业生产量(2007—2021 年)

注:纵坐标单位以 2010 年贸易量为 100。
资料来源:经济合作与发展组织 2021 年统计数据。③

---

① https://www.whitehouse.gov/briefing-room/statements-releases/2021/06/12/fact-sheet-president-biden-and-g7-leaders-launch-build-back-better-world-b3w-partnership/,访问时间:2023 年 6 月 9 日。

② https://ec.europa.eu/commission/presscorner/detail/en/IP_21_6607,访问时间:2023 年 6 月 9 日。

③ 转引自 Christine Arriola, Przemyslaw Kowalski and Frank van Tongeren, "This Is How COVID-19 Has Affected Global Trade", *LSE Business Review*,2021.11.5, https://www.weforum.org/agenda/2021/11/what-happened-to-world-trade-under-covid-19/,访问时间:2023 年 6 月 9 日。

事实上,在新冠肺炎疫情出现之前,全球化的裂隙已经出现。2018 年美国对中国发动贸易战,2020 年英国脱欧,各地民族主义和保护主义势头抬头等,均不同程度为国家之间的经贸和科创合作蒙上了一层阴影。

作为一个新崛起的发展中大国,中国与原有发达经济体,如美国、欧盟之间多方力量的博弈将是未来世界发展新格局的重要特征。纵观世界历史,在全球市场上,新兴大国与传统强国之间的竞争是必然的现象,但是竞争并不排斥合作。更多的学者倾向认为中美之间是一种竞合的关系。①

从科创、经贸等方面入手,减少乃至避免与地缘政治、宗教、意识形态等过多的纠缠和冲突,加强与"一带一路"沿线国家的密切合作,可能是目前中国可以选择的最重要、最明智的融入世界的外交手段,其重要意义不言而喻。

那么,在"一带一路"背景下,中国应当如何有效地开展对外科创合作?本书着重回答以下几个重要的问题:

第一,当前科创合作发展情况如何?具备哪些形式?面临哪些挑战?面对当前对外科创合作态势,分析其面临的机遇和挑战,本书提出中国进一步开展科创合作可以采取的策略。

第二,针对不同类型的经济体和项目,开展科创合作可以有哪些不同的范式?中国在对外科创合作过程中,由于各国处于不同的发展阶段,对科创发展的关注度和关注领域存在差异,必然需要遵循不同的合作范式。

第三,针对不同类型的经济体,就战略实施而言,中国开展"一带一路"科创合作可能有哪些路径?各方面的研究显示,中国应选择最具比较优势的领域,加强与"一带一路"沿线各国的科创合作。而从目前来看,数字经济发展空间巨大,代表着未来的发展方向,是一个最能促进合作共赢的领域。因此本书

---

① Robert S. Ross, "It's Not A Cold War: Competition and Cooperation in US—China Relations", *China International Strategy Review*, 2020, volume 2, pp.63—72; Zhang Tuosheng, "Cooperation, Competition or Confrontation?" *China & USA Focus*, Feb 04, 2020, https://www.chinausfocus. com/foreign-policy/cooperation-competition-or-confrontation,访问时间:2023 年 6 月 9 日。

最后一部分聚焦"数字一带一路",从这个视角来探讨中国的科创合作之路。

第二节　研究方法和思路

本书将围绕"一带一路"国家科创合作政策范式和路径选择这一核心问题,首先基于相关文献回顾,发现研究中存在的不足和缺失。通过建设科创合作和数字经济发展两个数据库,以支持进一步的量化研究。

这里需要明确的是,"一带一路"国家的范围从最早的 60 多个国家,发展到今天,实际上已经包括了五大洲多数发展中国家,以及部分发达国家,如瑞士、意大利、西班牙等。本书选择丝绸之路经济带和 21 世纪海上丝绸之路上的 68 个国家作为主要研究对象,兼顾其他相关国家。由于数据的可获得性,部分国家的数据缺失,因此在后文的不同章节,出现了不同的数量。在地区划分上,采取的标准如表 1.1 所示。

表 1.1　本书所界定"一带一路"国家名单及区域分布

区　域	国家(排名)	数量
东　亚	韩国、日本、中国、蒙古	4
中东欧	欧盟成员(13 个):保加利亚、克罗地亚、塞尔维亚、捷克、爱沙尼亚、希腊、匈牙利、拉脱维亚、立陶宛、波兰、斯洛伐克、罗马尼亚、斯洛文尼亚 非欧盟成员(11 个):俄罗斯、白俄罗斯、黑山、乌克兰、阿尔巴尼亚、波黑、格鲁吉亚、阿塞拜疆、亚美尼亚、摩尔多瓦、马其顿	24
西亚北非	阿联酋、以色列、卡塔尔、塞浦路斯、土耳其、阿曼、沙特阿拉伯、科威特、伊朗、约旦、黎巴嫩、伊拉克、叙利亚、巴勒斯坦、也门、巴林、埃及	17
中　亚	哈萨克斯坦、乌兹别克斯坦、吉尔吉斯斯坦、土库曼斯坦、塔吉克斯坦	5
东南亚	新加坡、马来西亚、文莱、泰国、印度尼西亚、菲律宾、越南、老挝、缅甸、柬埔寨	10
南　亚	印度、孟加拉国、巴基斯坦、阿富汗、斯里兰卡、马尔代夫、尼泊尔、不丹	8

值得注意的是,欧盟和东盟这样强大的区域性组织的存在,其统一性政策对成员国的经济活动有着重要的指引和约束作用。在推广"一带一路"科创合作时,对此需要列入重要的考量,因而有必要将其单列。

本书采取的研究方法包括:

(1)文献调研法。主要对三大类文献进行回顾:一是科创政策理论文献和评估报告,科创政策的实践较强,国际组织如经济合作与发展组织、欧盟等形成了大量各国科创政策分析的文献,这都是本书的重要参考源。二是国际科创合作的文献。国家之间的科技创新是国际交流中最重要的内容之一,对此需要进行文献梳理,理解不同国家合作动机和发展。三是数字经济的相关文献,随着数字经济的快速发展,这一领域已经形成了较多的文献,对于"数字一带一路"的推进,有着重要的参考价值。

(2)政策工具文本分析法。本书依托的"一带一路"数据库受国家社科规划重大专项和上海服务国家"一带一路"建设发挥桥头堡作用智库建设专项课题资助,已经积累了较丰富的相关资料。在此基础上,本书建立"一带一路"国家科创政策库,通过政策工具关键词分析,运用文本分析工具进行编码、量化、聚类和赋值。

(3)案例分析法。对典型各国的政策发展历程进行回顾,基于演化经济学理论、政策工具组合理论,比较不同政策形成的背景,以理解当前政策,并提出可以改进的部分。

(4)计量分析法。针对政策效果比较研究,兼顾数据可获得性,建构科创实力的评估模型,在此基础上,建立对科创产出的影响模型。通过建构"一带一路"数字经济发展机会评估体系,分析中国与不同国家的合作潜力。

在总体思路上,本书主要从两部分进行论述:

一是科创范式与合作研究。本书对现有科创形式作系统的分析,提出各国科创合作存在的多种形式,并对"一带一路"国家科创能力和范式分别进行分析和评估。

二是路径选择研究。面对"一带一路"国家目前的科创发展现状,以及中国可能面临的国际竞争,应当选择自身最具优势,同时也最能为"一带一路"国家所接受的方式,与之开展合作。本书提出通过"数字一带一路"建设,逐步消除数字鸿沟,增强彼此的互信,是当前最具可行性的科创合作方式。

最后结合上述两个方面,得出本书的研究结论,提出政策展望。

第三节　创新之处

本书具有以下五个方面的创新。

一是归纳"一带一路"国家科创合作的主要形式,共分三大类别,十种科创合作形式,对不同形式的主要优缺点进行了分析。

二是从科创投入、科创环境和科创产出三个维度建构了"一带一路"国家科创体系量化评估体系。进一步通过模型建构,发现影响不同科创产出指标的重要因素,提出提升"一带一路"国家科创能力的不同举措。

三是对以"一带一路"沿线为主的 34 个国家科创战略进行文本分析,以确定其所秉承的科创范式,提出需要针对不同的政策范式来实现科创战略对接。

四是分析了美、德、英、法、日、中六大科创强国在"一带一路"国家中的科技影响力,发现除了美国是全球科创领导者,其他国家只能算是区域强国。同时中国在数字经济领域具有一定的比较优势,在东南亚的影响尤其明显。

五是提出中国"一带一路"科创合作的可行路径,即建设"数字一带一路",通过"数字一带一路"的分步实施,突出其弥合数字鸿沟。在此方面,"一带一路"国家均可以与中国合作,借鉴中国经验,全面提升当地数字化水平,实现经济的跨越。

第四节　学术价值和应用价值

本书是一个应用导向的研究,具有较强的理论性、跨学科性和综合性。它涉及科技创新、科学外交、数字经济、国际合作、地缘政治、科技文化等方面的内容。限于本研究组成员的学科背景和知识局限,主要选择科技创新和数字经济两个领域作为两大理论基石展开讨论,对其他领域仅略有涉及。

本书的学术价值包括以下几个方面。

一是对国际科创合作理论研究有所丰富。之前的学者只是提出了存在三种科创范式,本书则通过对各国科创政策文本的分析,将其进行实证性区分。同时将国家之间的科创合作进行系统的梳理,归纳了三方面、十类合作形式。

二是对数字经济理论的丰富。通过建构适合"一带一路"国家的相关评估体系,持续追踪"一带一路"国家数字经济的发展,对其数字经济环境各国合作的机遇和策略进行了分析,形成更加丰富的"数字一带一路"理论。

在实践上,本书也具有重要的参考价值。

首先,对政策制定部门来说,具有以下参考价值。

一是区分不同政策范式的国家,实施不同的科创合作之路。例如对于处于范式 1 的国家,仍然将重点放在基础科研和应用科研上,这些国家往往是基础科研较强的国家,应大力加强与在科学界的合作,对处于范式 2 的国家,应当更加注重产业方面的合作。对于范式 3 的国家,重点关注于可持续方面的议程。

二是区分不同数字经济发展水平的国家,中国可以利用自身的竞争优势,从基础设施、数字应用、数字研发等方面与其形成不同层面的合作。

三是强调国内科创体系是国际科创合作的基础。没有良好的国内科创环境,对外的科创也很难达到预期效果。这从各国对外科创合作频率和深度的数据可以反映出来。

其次对于试图走向国外的科研组织,包括企业或研究机构来说,具有以下指导意义。

一是针对不同科创能力的国家,科研组织应该注重本土化的科创合作选择。例如对科创基础较好的国家,重视与当地重要研发机构、大学的合作;与科创基础较弱的国家,主要以创新成果转化为主,重视与重点科技城市和园区的合作。

二是科技组织要关注不同国家的科创政策、战略规划和规制政策,尤其要重视加强知识产权的保护与合作。

三是科技企业应积极参与到当地政府数字采购之中,尤其是可持续方面的商机,以树立企业负责任的形象。中国很多科技机构之前在国际国内积累了大量的成功案例,可以将其积极向"一带一路"推广。

第五节　全书结构

本书的具体技术路线和主体结构如图 1.3 所示。

本书共分为九个章节。

第一章为绪论,介绍研究背景、研究问题、方法和思路、创新点等内容。

第二章为理论和文献综述,主要从三个方面进行阐述。一是国家创新体系的相关理论和政策范式。目前一共存在三种范式,国家创新体系是科创发展中最为成熟的理论,而新的范式"转型性变革"正在逐渐演变和形成之中。二是有关"一带一路"科创合作的研究,这方面本书将借助于文献计量的方法,对国内的相关进行全面的综述。三是数字经济的相关理论。这方面与后文的"数字一带一路"密切相关。

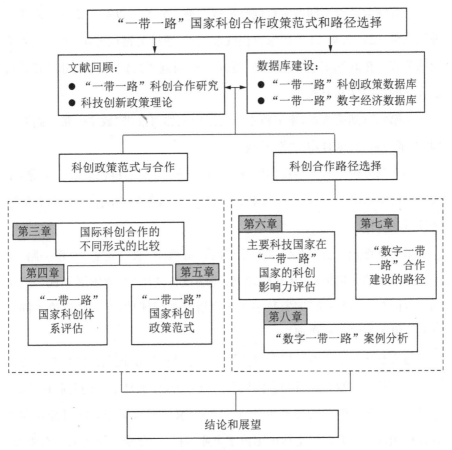

图 1.3 本书的技术路线和主体结构

第三章探讨当前国际科创合作的主要形式。尽管之前对此有一些研究,但是缺乏系统的梳理。为此,本章将其分为三大类型,即科学界、产业界和政府,归纳出十种合作形式,并对不同的合作形式的优劣势进行了分析。

第四章尝试评估"一带一路"国家创新体系。尽管目前有对全球各国的创新体系评估,但是面向"一带一路"国家的科创体系,仍然没有一个适当的评估标准。本章从科创投入、科创环境和科创产出三个方面,对"一带一路"国家展开评估。并基于相关指标数据,建构了影响科创产出的若干因素,以期对一个国家科创能力有更深的理解。

第五章尝试对不同国家科创政策范式进行分类。以第二章三种范式为理论基础,通过收集 34 个国家科创政策文本,通过关键词分析,将其归为不同的范式。在此基础上,提出相同范式与不同范式之间的国家可以开展科创合作的可能性和方式。

从第六章到第八章,本书将重点关注中国如何推进"数字一带一路",也即"一带一路"科创合作的路径问题。

第六章分析了六大科技强国在"一带一路"国家的科创影响力问题,主要是借助于六国与"一带一路"国家的科技论文合作的情况。进一步分析数字领域的合作。

第七章首先分析"数字一带一路"的相关概念,通过建立"一带一路"国家数字社会的评估标准,从基础设施、终端设备使用、产业发展和社会应用四个方面对"一带一路"国家数字化建设情况进行评估,进一步讨论不同区域和国家的数字合作机遇。

第八章从两个方面开展案例分析。一是从国家的视角。选择三个典型"一带一路"国家数字经济和合作机会进行分析,分别是中东的阿联酋、东欧的爱沙尼亚和东南亚的马来西亚,对这些国家发展数字经济时可能存在的合作机遇进行探究。二是从中国数字企业的视角,分别探讨它们在东南亚、中东和印度三大市场拓展时所面临的机遇和挑战。

第九章进行总结和展望。

第二章
理论和文献综述

国际科创合作是推动"一带一路"倡议的关键举措,也是共同提升合作方科技创新水平的重要引擎。它与国家经贸、外交、民间交流之间的密切度息息相关,自"一带一路"倡议提出以来,此方面的研究呈现日益增加之势(Archibugi and Pietrobelli,2003;朱丽波,2015)。尽管"科技合作"并没有直接出现在"五通"①之中,但无论是政策、基础设施和经贸的连通,都无疑依赖于各自的科技进步,离不开科技合作力量的支撑。现有研究显示,"一带一路"倡议的提出对中国的国际科技合作广度、深度、战略方向均产生了深远的影响(陈欣,2020;蔡宏波等,2021)。

本章的回顾分为国家创新体系、国际科创合作理论和数字经济理论三个方面。

第一节　国家创新体系理论、政策范式和国际科创合作

科创政策的发展主要基于国家创新体系的相关理论。"政策范式"最初由霍尔(Hall,1993)提出,他将其定义为:"政策思想和标准的框架,不仅阐

---

① "五通"是指"一带一路"的五个合作模式,即政策沟通、设施联通、贸易畅通、资金融通和民心相通。

明政策目标和实现此目标可用工具的种类,而且还指明想要解决的问题的本质。"卡尔森等人(Carlsson et al.,2006)认为它是指引政策制定者开展决策行动的共享现实模型。一项新的政策范式的出现意味着人们已经认识到现有科创政策和治理理念的局限性,已经无法应对和解决当前面临的危机,应寻求替代解决方案。

自二战以来,科创政策经历了三个阶段:科学技术政策范式、国家创新体系政策范式,以及转型性变革政策范式(Schot and Steinmueller,2016)。

一、科学技术政策范式

经合组织(OECD)国家支持科技创新的历史可追溯到 20 世纪初(Freeman and Soete,1997)。但是到了二战时期,美国军事研发体系才真正成为现代国家创新体系的肇始。由于军事和战争的需要,白宫专门成立科创政策办公室,拨出专门预算资助大学、科研机构,成立国家实验室,推动政产学研合作。这时,科学技术政策的第一个范式,以政府拨付专门预算支持科技发展的政策导向应运而生。

美国白宫科技顾问 V.布什(V. Bush)1945 年的报告《无止境的前沿》是这一政策范式的源头。这篇报告提出了几个重要的观点。一是美国应有不受限制的研究,关注于产业发展的持续进步。如果没有研究的推进,产业发展会陷入停顿。二是联邦政府应当为基础研究提供丰富的资金,重点在知识生产的前竞争阶段(pre-competitive or pre-commercial phase)或前商业化阶段。三是科学与社会的关系包括两类机构:一类是基础研究,与社会可能并无直接关联;另一类是应用研究和技术开发,具有直接的社会效应。[1]

在这一理念的指导下,以美国为代表的西方国家开始将科技发展作为

---

① "Science the Endless Frontier: A Report to the President by Vannevar Bush, Director of the Office of Scientific Research and Development," *National Science Foundation*, July 1945.

其重要使命之一,以"任务"为导向启动了各项重大科技攻关,即所谓的"大科学计划",如曼哈顿计划、阿波罗计划、尤里卡计划等,均取得了不定程度的成功。更为重要的是,尽管这些计划通常与国防和安全有关,侧重于大规模技术和系统(包括核、航空和运输部门以及更广泛的能源领域),但其间接带来了活跃的民间创新,民间企业通过参与获取了联邦资助的相关技术,引发了信息技术、新能源等领域的产业和技术革命。在法国,工业政策以部门为基础,通过大项目实施,对其专业化模式产生重大影响(Cohen,2007)。

各国对基础科研的大规模资助成为这个时期的主导范式,肖特和斯坦穆勒(Schot and Steinmueller,2016)称其为"范式1"(Framing 1)。如前所述,其基本逻辑是:基础科学的突破会推动应用方面的研究,最终可推动产业的创新和发展,这构成一个创新的线性模型。而基础科学知识作为一种公共产品,私人企业没有动力去生产出足够的产品,市场在这方面是失灵的。在这种情况下,国家能够而且应该在资助科学研究方面发挥积极作用。

但与此同时,狭隘的科技政策也带来了一些负面的影响。例如为应对20世纪70年代的经济衰退,西方国家开展的结构调整引发了一波"防御性"的工业政策措施,旨在支持和维持一些夕阳产业。但随着结构性问题的困扰,这种政策变得越来越难以为继。

二、国家创新体系政策范式

根据克里斯托弗·弗里曼(Christopher Freeman,1995)的观点,国家科创政策的思想最早可以追溯到德国经济学家弗里德里希·李斯特(Friedrich List)的《政治经济学的国民体系》。李斯特在书中努力论证"国家"(实际上是一国的政策和制度)对于一个经济体系的重要性。弗里曼提出,李斯特的理论孕育出了德国强大的技术教育和培训体系,实际上就是对"国家创新体系"的倡导。到今天,国家创新体系的思想已经为世界各国广泛采纳。

作为第二代理论范式（被称为"范式 2"），国家创新体系理论对范式 1 提出了质疑，认为创新并不是一个从科学发现到发明再到产品开发的线性过程，而是一个互动式的学习过程。科学知识是公开的，具有公共性，但创新知识不是。在很多情况下，创新知识带有一定的"粘性"（stickiness），是创新机构所拥有的私有知识，并不容易被人所复制和转移。同时从知识接收方来看，必须要具备一定的"吸收能力"（absorptive capacity）（Cohen and Levinthal，1990），因此知识并不是一种纯粹的公共产品，而是带有私有特性，不能被无成本地吸收。在这种情况下，一国要推进创新，需要营造一种有利于创新的社会氛围和能力，而非单纯的科学投入。弗里曼（Freeman，1988）对日本的研究表明，日本不仅在科学知识的产生方面日益进步，而且很好地将其运用于产业创新，这解释了日本在汽车和电视等先进制造业领域追赶和赶超的能力。金麟殊（Kim，1999）对韩国的研究显示，研发投入和本地化学习是导致韩国得以成功追赶的两大因素。而本地化的学习和知识的利用有赖于企业、研究和政府构成的"三螺旋"之间紧密结合，从而避免"体系失灵"。因此国家创新体系的关键在于产学研的结合。

自 20 世纪 80 年代以来，各国在科创政策上逐渐向第二种范式，即国家创新体系范式。学者们逐渐意识到仅有科学的突破并不必然导致产业的繁荣，产业与科研之间的关联网络至关重要。科学、技术和创新（STI）政策日益成为旨在实现现代化和增强产业竞争力的新产业政策的核心（Soete，2007），成为第二代科创研究的主流范式。作为国家创新体系的提出者，弗里曼（Freeman，1987）将其定义为"公共和私人机构组成的网络，通过各类活动和互动旨在发起、导入、修正和传播新技术"，这关涉到企业、行业和国家不同层面的组织和管理资源方式，包括企业的研发（R&D）和生产组织、企业之间的关系以及政府的作用。

伦德瓦尔（Lundvall，1992）进一步完善了国家创新体系理论和方法，对这一概念作更广泛的理解,包括参与知识的生产、传播和利用的所有组织和机构,尤其侧重于将用户-生产者的联系和互动式学习作为创新的基础。此后,该概念被视为将创新与国家层面的经济绩效联系起来的分析和政策工具或范式。

与理论上的主张相配合,各国政策转变的原因还在于一些实际的考量。一方面,对通用技术的支持,例如微电子、生物技术和新材料,被认为影响到广泛的行业。对此类技术的扶持有利于整体技能的提升,有良好的正外部性。另一方面,一国的创新产出相当程度上(30％以上)取决于一国的产学研科创网络以及国际创新要素流动(Taalbi,2020),从而有利于经济繁荣。1982年,美国政府推动"拜杜法案"鼓励大学科研人员将其成果推向市场,为科技成果转化起到推波助澜的作用(Grimaldi et al.,2011)。

在学界,自20世纪90年代以来,学者们普遍认同,促进创新网络的建立被认为是政府的重要职能之一。科创体系的研究(Lundvall,1992;Nelson,1993)成为创新研究最重要的文献之一(Fagerberg et al.,2012)。

三、转型性变革政策范式

范式2虽然对范式1作了补充和完善,但是二者均认为产出和就业对于国家经济和社会福利至关重要,均将科学技术和创新政策的中心目标定位在推动经济增长,提升国家竞争力方面。

卡勒鲁德等人(Kallerud et al.,2013)认为,自21世纪中期以来,在应对气候变化、资源短缺和老龄化社会等社会挑战的推动下,世界各国政策在向更广泛的社会政策议程转变。创新学者开始质疑既定的创新系统政策设计是否足以应对社会挑战的竞争(Schot and Steinmueller,2018)。尽管过去几十年出现了大量关于创新体系的研究,但其政策的主要目的是优化创新"生态系统",以增强国家竞争优势和实现经济政策目标(张学文和陈劲,2019)。当前正在发生的"范式转移"认为,创新政策不仅必须优化创新体系以提高经济竞争力和增长,还必须引导战略方向并引导转型变革过程实现预期的社会目标(Schlaile et al.,2017)。因此,乌尔尼卡(Ulnicane,2016)将人类面临的"宏大挑战"视为对科学、技术和创新政策中"宏观视野"的回归。这促生了所谓的"转型性变革政策"(transformative change)。转型性变革政策将政策议程从主要的经济问题转向更广泛的社会和环境问题。然而,创新系统政策对创新理解的拓宽,可以为新一轮政策转型提供更加广泛的创新政策的新空间。

从国际趋势来看,随着气候变化、贫困、不平等、环境等问题日益凸显,全球治理体系面临新的挑战,而仅仅以经济发展为目标的政策日益难以应对这些新的挑战。为此,联合国发起并通过了 17 项可持续发展目标(SDGs)以及《巴黎气候协定》;区域性组织如欧盟制定的"地平线 2020"(Horizon 2020)等计划高度关注可持续问题,并得到了各相关成员国的积极响应。2016 年,英国苏塞克斯大学科学政策研究中心(SPRU)主席约翰·肖特(Johan Schot)和爱德华·斯坦穆勒(W. Edward Steinmueller)提出科创政策范式 3 的概念,他们称为"转型性变革"(transformative change),认为需要对以往的创新本身进行反思,弥补其过度关注经济发展目标的不足,由此提出了以下三点主张。

第一,创新本身并不必然带来社会进步。相当多的例子表明,当前很多单纯为了经济增长的"创新"造成的外部性影响,例如环境污染、失业等,给一部分人造成了难以忽视的伤害。

第二,当前的主流范式 2 国家创新体系理论存在四类失灵:方向性失灵(directionality failure),即缺乏将社会选择作为替代性发展途径的手段,在方向纠偏上存在问题。政策协调失灵(policy coordination failure),即缺乏对各个领域策略进行横向协调的能力,整个社会不同部门的协调性存在问题。需求不明晰(demand-articulation),即很多新涌现的问题需求非常不明确,而现有政策不能应对需求无法阐明的情况。反思性失灵(reflexivity failure),指的是缺乏对创新行为潜在假设的反思,创新俨然成为不容挑战的对象,以"创新"之名损害社会可持续发展的问题日益严重。

第三,正由于以上失灵的存在,当今世界需要的是一场根本性的社会-技术系统转型,它以相互关联的方式推动社会、经济和技术各项变革的共同实现,涉及技能、基础设施、产业结构、产品、法规、用户偏好和文化偏向等各类元素的根本变化。

范式3对范式1和范式2的创新模型进行了纠偏,后两者强调研发投资,以及在生产者和用户组织之间建立知识网络,以提高创新系统的知识吸收能力。范式3则把创新作为系统层面的探索过程,以社会和环境目标为指导,从实践中获取信息和学习,并常规性地重新审视现有的制度安排,以解决各类社会挑战。吉杰斯·迪尔克斯(Gijs Diercks et al.,2019)将政策议程区分为经济目标和社会目标两类,认为范式3是一个更加注重社会目标的政策范式,也是一个更合乎全人类发展方向的范式。

四、国际科创合作理论

随着全球化的推进,开放性创新概念的兴起,很多学者认为需要超越单个国家的创新体系,超越国家层面的科学合作、区域创新体系或全球创新体系日益受到关注。布朗和利维(Brown and Levey,2015)认为,全球创新网络与国家创新综合体可产生相互作用,以形成内在连贯的全球创新结构和新国际劳动分工,构成关系日益紧密的全球知识网络的全新管道。这些更加宏大体系的提出最初是强调国际科创合作可以有效地促进国家创新能力、改善研究质量等,之后逐渐演变成用于解决全球化的共性问题,如气候、能源和不平等。

区域创新体系是高度一体化的跨国性经济体,如欧盟、东盟等在区域内力推的体系化的创新努力,它是一个地理经济概念。以欧盟"地平线2020"(Horizon 2020)为例,其中就包括了面向区域内部和全球的科创项目,目标是改善基础科研、企业创新和社会挑战三个方面。根据 2017 年中期评估报告,共有 188 个国家的申请人提出申请,来自 131 个国家的参与者获得资助(包括欧盟、相关和非相关的第三国)。有 16 个国家与"地平线 2020"签署了合作协议。

区域创新体系的基本逻辑同国家创新体系一样,认为创新网络和互动式学习可以为整体带来更高的效益。为了实现这些效益,有必要协调区域内国家的各项科创政策。但由于从网络效应所带来的利益预期不同,创新体系中不同成员参与积极性往往并不相同。因此学者对于国际科创网络所起的作用提出多种观点。

波多尔尼(Podolny,2001)提出市场交易中存在两个主要的不确定性来源,即"以自我为中心"(egocentric)的不确定性和"以他人为中心"(alter-centric)的不确定性。前者是指资源的约束和任务的困难性,后者是指社会接受度和其他人的期望。由此,波多尔尼提出两种有关国际合作网络隐喻:管道和棱镜。管道是指可以让资源从一方流向另一方的网络结构,借以补充资源。棱镜则是指一种网络结构,它允许光线从一方照射到另一方,使后者发光,从而提供声誉和信任。

梁(Leung,2013)分析了中国纳米领域的科学家利用国际科创网络的情境,补充提出"国际网络作为海绵"的譬喻,反映这一网络的灵活性。"海绵"可以被理解为一个稳定的网络关系和结构,它可以从四面八方吸收流动性原料(包括人才、信息、资金等),并在网络合作伙伴的建设性努力下,在以后需要时挤出有用的材料。而海绵式国际科创网络可以明星科学家或组织间的合作协议来促进。

各国参与国际科创合作的主要动机有多个方面。乔治欧(Georghiou,1998)将其归纳为直接和间接两个方面。合作让相关科技机构和人员直接受益,使研究能够以更高的质量、产生更广泛的影响,以及更快或更经济地进行或应用。合作各方可以获得互补的专业知识、知识或技能以提高科学或技术卓越性。在间接利益方面,可以提高声誉、获得进一步的研究基金。此外,合作方可访问和接触独特的领域、设施或人群,合作分担成本和风险也是重要的动机。

李等人(Lee et al.,2020)对各国开展科研合作的动机和策略进行了研究,他们提出一国总会优先在那些最能给本国带来利益的领域开展技术合作,并提出国家间合作的三层次模型。在宏观层面,分析一个国家作为合作伙伴的特征,以评估合作的市场和技术吸引力。从全球创新体系的角度研究了每个国家的国家创新体系特征,并分析了国家创新体系的性能和国家创新体系之间的相互依赖关系。在中观层面,调查与伙伴国的关系,以评估合作密切程度。重点缩小到两个国家创新体系(焦点国家及其潜在合作伙伴)的相互依存关系。在微观层面,推导出焦点国家与伙伴国家合作的具体策略。技术能力和政策优先事项被考虑以确定潜在的合作领域并确定最合适的合作模式。在这个层面上,在制定实施策略时,分析单位从国家创新体系转变为组成国家创新体系的代理和部门。

在讨论合作障碍问题上,最常见的是制度障碍,这包括知识产权保护条款,以及对外国进入国家项目的限制。更广泛制度还包括核不扩散条约、贸易摩擦、监管政策、公平贸易、反垄断法律和其他技术出口管制。

鲁克等人(Luk et al.,2008)强调促成科研合作的背后,制度成熟度的重要性。在不同的制度背景下,社交网络会为组织参与者带来不同类型的利益。从宏观制度上看,在成熟的市场经济环境中,社交网络可以提供有用的信息、资源收益。但在转型经济体中,社交网络可能会产生过度嵌入或路径依赖,使创新潜力难以得到发挥。在这种情况下,在国际科创网络中,合作双方的预期不同。以中国与发达国家的科研合作为例。中国科研机构与欧美科研机构建立网络联系,主要是为了获得信息和物质利益;而其国际网络联系方可能主要是为了进入中国消费市场而寻求当地的合作机构(Xiao and Tsui,2007)。

另一个重要障碍来自国家之间的竞争。在很多技术前沿领域,国家之间竞争的动机超越了合作,从而使合作变得困难。国家竞争力理论的核心是某种形式的比较分析,一国市场份额的增加是以其他人力量削弱为代价的(Georghiou and Metcalfe,1993)。虽然个别公司或研究机构可能会在特定合作中看到合作的优势,但这可能是以牺牲同一地区的另一家公司为代价的。这一论点在政治游说中具有相当大的影响力。

"制度不匹配"也构成合作中的重要障碍之一。不同的地区或国家有非常不同的研究支持结构和优先事项,这意味着政府参与体现在对不同类型机构的支持上。因此,基本相同的研究在美国,是对个别学者的资助,在日本,则是政府实验室的研究项目,到了欧洲,可能有来自国际财团的支持。由于资助对象的不同,其科研合作会牵涉一些较为复杂的问题,如"由谁负责?""如何协调?""资助时间多长?"等。

最后,还需要克服的项目级挑战包括距离、语言和文化等,不同程度地影响国家之间的科创合作意愿和能力,此方面研究有待深入。

第二节　"一带一路"沿线国家国际科技
合作研究综述

本节旨在通过对国内有关"一带一路"沿线国家和地区的科技合作研究文献进行回顾,聚焦于以下五个关键问题:一是当前"一带一路"科技合作研究期刊、作者及其单位的分布情况;二是"一带一路"科技合作的方面和领域;三是"一带一路"倡议对国际科技合作产生的影响,包括"一带一路"沿线国家科技合作对经济的影响;四是"一带一路"科技合作的策略和模式;五是"一带一路"科技合作面临的挑战和对策。从中发现现有研究的不足,最后对未来的研究作出展望。

一、文献和数据

本节数据来源于知网中文文献,选择"一带一路"(精确匹配)和"科技合作"(模糊匹配)为篇名关键词,时间跨度选择 2013 年 9 月 1 日到 2021 年 11 月 20 日,共录得 155 篇文章。通过剔除一些报道、访谈等非学术文章,最终获得 112 篇有效的研究性文章。

本书对其进行严格的编码、分类和梳理,分类描述如下。

(一) 期刊来源

从来源看,剔除 5 篇硕士论文和 2 篇会议论文,共发表在 82 本期刊上。其中 CSSCI 期刊 13 本,占 15.9%;北大核心 26 本,占 31.7%。《科技管理研究》发表文章数量排名第一,共有 10 篇。其次是《安徽科技》和《全球科技经济瞭望》,各有 3 篇。《科学管理研究》和《情报杂志》各有 2 篇(详见表 2.1)。总体而言,高质量的研究文献仍然很缺乏。

表 2.1　期刊来源排名

期刊	科技管理研究	安徽科技	全球科技经济瞭望	科学管理研究	情报杂志	国际经济合作	中国高校科技	财经研究、管理评论、国际贸易、国家教育行政学院学报、科技进步与对策、科学学研究、科学学与科学技术管理、科研管理、清华大学学报(哲学社会科学版)、图书情报知识、亚太经济等
数量	10	3	3	2	2	2	2	各 1 篇
备注	北大核心	—	—	CSSCI、北大核心	CSSCI、北大核心	北大核心	北大核心	CSSCI、北大核心

数据来源:作者整理。

(二) 作者单位

现有文章涉及的作者 229 名,分布在 110 个单位。仅有 4 名作者发表了 3 篇文章(含共同发表),其他均为 3 篇以下,可见分散度相当高。为了了解各单位的研究贡献,采取以下计分方法:1名作者得1分;两名作者各得0.5分;三名作者按0.4∶0.3∶0.3计分,三名以上作者的文章,对后面的作者予以忽略。由此对不同单位在此项研究方面的贡献排序参见表2.2。可以发现有两类学校或专业比较突出:一是农业、外贸专业的大学,二是各类文献情报专业。这一结果与"一带一路"沿线国家多为农业国家,以及科技合作与贸易合作紧密关联的现实相符合。

表2.2 文献作者单位分布

作者单位	南京农业大学	中国科学院文献情报中心	对外经济贸易大学、广东外语外贸大学、华南理工大学、华侨大学、江苏海洋大学、昆明理工大学、南京邮电大学、清华大学、西安交通大学、西安理工大学、新疆科技发展战略研究院、中国农业科学院
得分	3.5	2.3	2

注:其余单位均为2分以下,从略。
数据来源:作者整理。

(三) 发表年份和趋势

从文章所发表的年份看,发现2013年、2014年均无相关文献。2018年和2019年的文献达到最高点,之后数量呈现下降趋势(尽管2021年仅为截

(单位:篇)

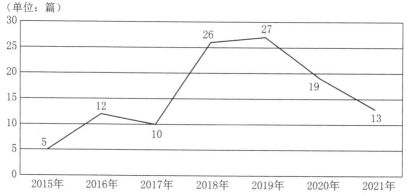

图2.1 相关文献历年发表文章数量(2013年9月1日至2021年11月23日)

数据来源:根据知网搜索数据整理所得。

至 11 月底的数据,但预期全年仍然难以超过之前的年份)。从实际情况考察,这种下降应该与 2020 年以来发生全球性新冠肺炎疫情有直接的关联。由于疫情的发生导致"一带一路"国际科技合作工作受到耽搁乃至中止,相应的学术研究有所减少。

二、"一带一路"科技合作战略的合作地区和领域

"一带一路"倡议提出之后,中央各部委、各省市均提出了相应的规划,积极行动起来,其中基本涉及了科技合作的内容。根据所收集的文献,所涉及的合作方分布情况如下。

从合作对象看,多数文章只是一般性地讨论对外科技合作,未明确合作国家。仅有 20 篇涉及具体合作国家或组织,包括了东盟、俄罗斯、蒙古、泰国、巴基斯坦、白俄罗斯、土耳其、土库曼斯坦、以色列、越南。东盟国家是讨论最多的合作对象,其次是独联体国家。这显然与地理位置和经济发展阶段相近有高度相关性。此外,虽然德国不属于沿线国家,仍然有两篇文章讨论中德科技合作。

从国内合作方看,主要是国家层面的合作。有 30 篇文章涉及 17 个省市从事"一带一路"科技合作,其中江苏和湖南排名靠前,各有 3 篇。同时,此 17 个省份清单与国家所确定的 18 个重点省份存在差异,有一些重点省份如西南和西北的几大省份,目前此方面的研究仍属空白。另外,在 17 个省份中,单个省份平均数量两篇不到,研究甚为薄弱。

表 2.3　分地区科技合作文章数量

省份	江苏	湖南	浙江	安徽	福建	广东	陕西	上海	云南	台湾	辽宁	山东	河南	山西	四川	西藏	新疆
数量	4	3	2	2	2	2	2	2	2	2	2	1	1	1	1	1	1

数据来源:作者整理。

共有 31 篇文章论及特定的合作行业和领域,占总量的 27.7%,涉

12 个行业类别,具体如表 2.4 所示。从表中可以发现农、渔、林业等第一产业的科技合作研究有 17 篇,占比达到 15.2%,这与"一带一路"国家多数为农业国的现实相符。其次是涉及金融、经贸和能源方面的合作。值得注意的是,缺乏制造技术和数字技术等高科技合作方面的研究,而作为制造大国,中国在各类制造科技、数字科技方面具备全球竞争力,并不乏与沿线国家的科技合作成功案例,此方面的研究显然有待加强。

表 2.4　行业和领域科技合作文章分布

类别	农业合作	渔业合作	金融合作	经贸合作	科技人文合作	能源合作	环境合作	交通合作	林业合作	气象科技	项目合作	医药合作
数量	12	4	3	2	2	2	1	1	1	1	1	1

数据来源:作者整理。

三、"一带一路"倡议对科技合作及经济增长的影响

作为一项具有全球影响力的倡议,"一带一路"受到了各国的高度关注。但对于这一倡议是否带来良好的经济社会效益的质疑声音一直都没有消停。从科技合作的视角看,主要涉及两个重要的研究问题:一是"一带一路"倡议的提出是否促进了中国及沿线各国的科技合作,这可以反映在论文、专利、项目等多个合作维度;二是"一带一路"科技合作对各国和各地区高质量经济增长产生何种影响。[①]在 112 篇文章中,研究此两方面的实证文章数量较少,仅有 5 篇。

在"一带一路"倡议对科技合作的影响方面,李红军等(2019)以 InCites 数据库的论文为对象,比较中国与各沿线国家在 2011—2014 年和 2015—2018 年两个时间段内合作论文的变化,发现"一带一路"倡议提出之后,中

---

① 有关"一带一路"倡议对经济增长的影响,经搜索发现,尚有不少的研究。但本节关注的是"一带一路"科技合作对经济增长贡献的相关研究文献。

国与近 2/3 国家的合作论文数量快速增长,且质量不断提高,其中以西亚国家和农业科学领域提升最快。合作论文数在数百篇到 2 000 篇之间,且国内形势稳定的国家与中国合作论文增幅最快,是倡议前的 2—3 倍。一些学者关注特定国家与中国的合作。如孙文婷(2021)基于对 Web of Science 核心合集数据库中 2006—2012 年和 2013—2019 年两个阶段土耳其与中国合作发文量、基金资助机构、主要研究方向、高被引及热点论文数据进行分析比较,发现在"一带一路"倡议显著增进了土耳其与中国的科技合作,土中合作意愿更加强烈,合作领域、范围、深度不断扩展。

在"一带一路"科技合作对沿线国家经济增长的影响方面,许培源和程钦良(2021)利用 2009—2017 年 44 个沿线国家面板数据,研究发现"一带一路"沿线国与中国的科技合作当前仍处于起步阶段,地理临近是国家之间科技合作的关键考量因素。国家科技合作可分为研发合作类和技术转移类,二者对不同技术基础条件的国家作用不同,两类合作在产生经济增长效应过程中能够相互促进加强,因此国家之间同时开展两类科技合作能够更充分发挥其效应。杨馨伟(2020)利用同一面板数据的实证研究发现,"一带一路"国际科技合作主要可以分为技术转移类、联合研发类和平台建设类。此三类科技合作均能在一定程度上促进沿线国经济增长,但技术转移类的增长效应更显著。技术转移类和平台建设类科技合作显著促进了创新追赶者和创新落后者的经济增长,联合研发类科技合作仅对创新追赶者起作用,但对技术基础条件不足的创新落后者的作用不显著。

"一带一路"科技合作还对国内各省市经济发展产生了不同的影响。此方面,卢子宸和高汉(2020)利用国内 281 个地级市 2008—2017 年的经济面板数据,检验"一带一路"科技创新合作对节点城市产业升级的影响。结果表明,"一带一路"科技创新合作对节点城市产业合理化有显著的促进作用,但是对产业结构高级化作用不显著。有些违反直觉的结论是:相比于沿海城市,"一带一路"区域科技合作对内陆节点城市产业结构转型升级的作用更明显。

总之,随着"一带一路"的持续推进,各省份和部门从中受到的影响存在着较大的差异。不同经济发展特征的省份从中受到何种影响,仍有待于进一步的研究。

四、"一带一路"科技合作策略和模式

鉴于"一带一路"沿线国家在科技发展相对不足的现实,多数作者提出中国拥有一定的科技优势,可以通过技术转移与当地市场的结合,实现双赢或多赢。在合作策略上,主要是按国家"五通"的指导思想,不同学者对此开展了进一步的研究。

1. 政策沟通。主要指官方沟通平台和政策合作框架的建设(雷远征,2018),包括建立科学外交,签订一揽子科技合作框架协议,内容包括共同建设科学基础设施、公派科学家、留学生交换、推动国有企业"走出去"的战略,双方设立"合作日"、合作论坛,以加大宣传力度。

2. 基础设施建设。目前的研究主要关注交通基础设施建设,如铁路(路铁军、王泽森,2018),其中中欧专列是与国内直接相关最重要的"一带一路"交通设施。尽管交通基础设施之中包括了大量的高科技,但是就科技合作的基础设施而言,还有更为重要的科学基础设施的共同建设(陈岸明、魏东原,2020),这方面的研究仍较为稀少。

3. 技术和贸易市场建设。技术对贸易有相当的依赖度,很难设想国家之间没有贸易合作而仅有技术合作的。有学者提出需要推动多边和多元的格局(殷晓婷,2019),其中技术贸易市场的建设至关重要。不同国家之间的贸易可以显著地加强双边交流,包括科技合作。

4. 民间科技合作交流。主要指民间自发的行动,各类科技企业和非政府组织之间的交流,如科技型民营企业赴对方国家设立科研中心,开拓市场,间接实现技术转移。此外,发挥本国的技术领域优势或科教优势,吸引对方留学生或交换生也非常重要。

5. 疫情之后的科技合作。疫情之后,有关"一带一路"沿线国家的科技合作策略方面出现了新的挑战。为此,龚晨和田贵超(2021)提出可以建立卫生健康共同体、利用数字技术开创线上线下融合的新路径。这些策略与当前"数字一带一路"建设相吻合(姜志达、王睿,2020),无疑具有一定的启发性。贠涛等(2021)分析了中国与"一带一路"国家在"新型"方面的论文合作领域和网络关系,建议进一步加强与"一带一路"参与国家的生物技术产业合作与技术转移,并加强与合作网络中的重点国家,如意大利、新加坡、泰国等的合作水平,建立起中国技术体系的抗疫示范基地,提供中国的抗疫方案。

6. 地方层面的策略研究。从地区国际科技合作的文献看,其策略与国家层面具有类似性。如扩大城市对外科技人交流,推进国际科技创新与成果转移平台建设,加强科技协同创新能力建设等(倪国江、陈汉瑛,2018)。此外,一些文章呼吁对人才、资金方面要积极投入,同时建立风险防范与预警机制。

在地方层面,学者针对各地方特点,提出的对外合作策略,总体思想是发挥地方比较优势,同重点国家联合开展前沿性重大科学研究,重点支持企业和科研机构发起和参与国际科技合作计划,并依托龙头企业,布局海外研发中心,鼓励外资研发中心继续推进开放式创新等(姚子辉,2020;王宇等,2019),这与国家整体科技合作思想基本相同。

学者们从不同的角度对合作模式进行了分类。归纳起来,现有研究共有四个维度:一是从推动力量来看,可以分为政府(可进一步分为中央和地方)和民间两个方面;二是根据合作方可分为双边和多边方式;三是根据合作领域,可以分为科学研究、产学研结合、园区、金融、人才等方面。四是从合作强度,可以分为战略层面、项目层面、一般性交流等。以上多个维度的组合,形成不同的科技合作模式。

甄树宁(2016)主要从合作方和领域提出了四种模式:以双边或多边协定促进国际科技合作平台的建设;共建立体式的国际科技合作金融支持体

系;共建更多的沿线国家或地区双边及多边合作研究中心;以共建产业园区带动国际科技合作。魏澄荣(2017)主要是从推动力量出发,提出政府主导搭建的科技合作平台、民间促进国际科技合作发展以及共建产业园区带动国际科技合作。在此基础上,吴玉杰和孙兰(2020)进一步增加了知识创新联盟模式、产业机构互动模式、高新技术园区协作模式三种,共形成七种模式。闫思彤(2021)将沿线国家分为四类,提出对其应具有不同的合作强度,区分深度战略合作模式、按需推进合作模式、加强交流合作模式、引导逐步合作模式四类。对不同学者所提出的合作模式如表 2.5 所示。总体而言,当前对合作策略的研究倾向于认为探索性结合具体地区和领域而开展合作,创造出新的合作模式。

表 2.5 现有文献对科技合作模式的分类

文 章	合作层次	分类维度	合作模式
甄树宁 (2016)	国家	合作方和 科创领域	1. 以双边或多边协定促进国际科技合作平台的建设 2. 共建立体式的国际科技合作金融支持体系 3. 共建更多的沿线国家或地区双边及多边合作研究中心 4. 以共建产业园区带动国际科技合作
林灵 (2018)	地方-城市	推动力量	1. 政府主导类型的科技合作模式 2. 建设园区带动国际科技合作模式 3. 通过中介促进国际科技合作发展模式
魏澄荣 (2017) 吴玉杰、 孙兰(2020)	国家	推动力量和 科创领域	1. 知识创新联盟模式 2. 产业机构互动模式 3. 高新技术园区协作模式 4. 政府主导搭建的科技合作平台模式 5. 民间促进国际科技合作发展模式 6. 共建产业园区带动国际科技合作模式
闫思彤 (2021)	地方-省份	合作层次 和强度	1. 深度战略合作模式 2. 按需推进合作模式 3. 加强交流合作模式 4. 引导逐步合作模式

数据来源:作者整理。

五、"一带一路"科技合作面临的挑战和对策

"一带一路"沿线国家科技合作是该倡议的核心要义之一。国家之间科技合作属于较高层面的合作,对于双方经济贸易、人文交流均可以产生较强的推动作用,对此方面的理论总结将有助于指导进一步的实践。本书的分析结果表明,无论还是从文献数量,还是质量,现有研究都有进一步提升的空间。而近年来科技合作文献有所下降的情况反映出,由于疫情、逆全球化思潮的不利影响,全球科技合作受到了负面的冲击,需要引起高度关注。

从文献分布情况看,作者和单位的分布较广。这一方面显示"一带一路"科技合作研究受到了广泛的关注,其中农业、外贸和情报专业的作者和单位相对较多。另一方面则反映出研究仍然缺乏足够的深度。从科技合作分布的领域看,目前所涉及的以农业科技合作为主,没有提及对造技术、数字技术方面。考虑到中国制造和数字经济发展在全球的优势,这方面的研究存在非常大的合作潜力。

而从合作对象来看,目前主要研究对象是东盟和独联体国家,对于阿拉伯和非洲国家、拉美国家的科技合作仍然讨论较少,下一步的科技合作的讨论应该分地域,总结出不同地域国家的科技合作方向和特征,为"一带一路"顺利推进奠定基础。

现有文献认为"一带一路"科技合作面临政治、经济、科技、项目、政策和文化方面的挑战。而要克服这一挑战,需要从政府、科研机构、企业和民间组织等多方面共同发力,通过优势互补,建立国际互信,这背后需要一个良好的国际科技创新治理框架。

第一,学者们认为,当前国际政治经济环境动荡变化构成为中国推进"一带一路"的最重大的挑战之一。首先是西方发达国家对中国"一带一路"抱有意识形态的偏见(雷远征,2018);其次,反全球化浪潮与疫情影响的叠加,导致全球产业链有出现断裂的危险,削弱了部分沿线国家的科技合作意

愿和能力(龚晨、田贵超,2021;陶蕊,2017);最后是中国属于后发国家,此前沿线国家已经与发达国家建立了广泛的联系。在科技方面,发达国家更具优势,他们对中国崛起形成的挑战保持高度的警惕(雷远征,2018)。

第二,挑战源于文化差异性。"一带一路"沿线国家包含不同的宗教信仰、政治体制和文明,其语言、习俗差异非常大,这给各方面开展科技合作带来了较大的障碍(张悦,2018)。沿线国家和地区一直以来都不是中国人出国或留学的主要目的地,民间交流不够活跃(李振奇、王雨珊,2020),因此国内相关语言、文化人才储备相当不足,缺乏对其应有的了解,相互之间难以建立互信。

第三,制度和政策不匹配,不协调。沿线国家经济和科技发展水平参差不齐,不同的国家对科技的重视程度不同,科技创新资源流动不对称,很难相互协调(夏先良,2015)。一些学者提出中国与沿线国家的合作存在顶层设计欠缺,前瞻性不足(廖文龙、翁鸣、陈晓毅,2020)。更为重要的是,缺乏相应的法律保障体系(冶刚,2019)。在很多沿线国家,当地产业配套能力弱、政策法规缺失、知识产权保护不力、当地社会抵触、市场需求和生态链条不健全等问题均不同程度影响国际科技合作(夏先良,2015)。

第四,在具体项目合作方面,存在着从资金到人才等一系列挑战。学者们指出目前在对外科技合作中,存在以下问题:一是国际科技合作经费短缺问题比较突出;二是国际科技合作层次不高,产业发展以高耗能为主,质量有待提高;三是国际科技合作与交流项目体制不够健全,缺少为国际项目及国际技术转移提供金融担保政策性保障的机制;四是各方面国际科技合作自主性较差,国内外事人才短缺,公共服务不到位(郭锋、伍希,2017)。

最后,挑战还在于科技合作方式和项目的可持续性。目前的科技合作以政府和国企为主导,主要资金来源还是各国政府支持,来源较为单一,且数额有限,民间参与热情还没有完全激发出来,未能达成合作的共识(陆晓玲等,2020)。基于"一带一路"国家的现状,企业应当是科技合作最重要的主体之一。而当前合作很多不是出于市场或实际需要的考虑,市场主体缺乏内在动力,由此导致的科技合作难以持续深入地开展(姚子辉,2020)。

针对不同挑战,现有文献提出了很多相应的对策。但是从现有科技合作研究文献看,基本上是围绕后面三大挑战,较少论及国际环境变化和文化差异方面。这当然与研究领域有关系,此方面的讨论应更多出现国际政治和国际关系的专业论著之中。

第一,在制度和政策方面,学者提到需要加快科技合作平台建设,包括共建联合研究机构,共享大型科研基础设施(廖文龙等,2020),以及建设国际科技合作中心、科技创新实验区、产业创新中心等,探索稳定的沟通渠道和协同创新机制。加强合作运营管理也受到重视,才能促进科技创新政策实现良好对接,如建立合作管理协作机构及专人对接负责制度(胡依洁等,2020),实现更好的跨国协同。

第二,加强技术转移平台/网络的建设被认为是最重要的科技政策工具之一,也是可以促进合作持续进行的关键。技术转移能力是一种软实力。如廖文龙等(2020)提道,应建立链接全球、辐射地区的技术贸易大市场,以及技术交易或专利运营平台,实现线上线下相融合的新型技术交易模式。吴玉杰和孙兰(2020)提出构建国际技术转移服务联盟,鼓励各技术中心的产学研合作,实现科技成果高效转化。牛新民(2017)提出在合作国园区共建技术转移服务机构,降低企业技术转移成本和服务成本,增加中方企业、高校和科研机构在技术转移活动中的自主能力。

第三,制度协同建设上,现有文献认为,与技术转移最密切相关的是知识产权保护制度的建设。研究提出应共同建设责任清晰、运行高效的知识产权管理体系(方维慰,2020)。林炳坤和郭国庆(2020)提出,应制定国际条约,并推动各国将其转化为国内法律,并建立知识产权合作协调机构负责落实合作倡议和协议,就我们自身的行动而言,要向企业提供国际知识产权保护和维权的方法,加快培育和认定一批面向沿线国家的科技项目服务机构和专业化的知识产权服务机构(王罗汉,2019)。

第四,在具体项目合作上,很多文献关注科技金融合作,提出建立科技金融服务平台,如封晓茹等(2020)提到的,发展面向科技创新的特色金融服务,支持科技研发和创新发展模式,充分利用银行等金融机构,设立科技创新基金。廖文龙等(2020)提到构建面向区域开放合作的科技金融体系,开发跨国科技金融和保险新产品,推动国内金融资源区域内跨境流动和配置,健全跨国金融信用体系。

第五,在推进项目持续运行方面,现有文献特别强调企业作为创新主体的关键性作用(王利军等,2015;潘博,2016;许为宾等,2018)。其背后的原理相当清晰,即市场的力量是最终促进持续合作的关键,企业可以更加敏锐地捕捉到当地市场的需求,从而快速跟进。肖峰等(2016)提出"人才培养—科技援助—企业跟进"三位一体的科技援助模式,其中企业跟进是促进项目持续运行的关键性举措。

第三节　数字经济的相关理论

近现代以来,科技革命的浪潮推动了世界各国从农业文明向工业文明,再向信息文明的跨越。作为信息文明的标志性经济形态,数字经济依托于网络信息技术的创新驱动,渗透在经济社会的各个领域,重塑了人们生产、生活和思维的方式。正因如此,数字经济的内涵和外延始终在不断演进,人们对数字经济的认识也在持续深化。

一、数字经济的概念[①]

"数字经济"的概念发端于20世纪90年代的美国。根据牛津英语词

---

① 本节内容引自《数字经济蓝皮书　全球数字经济发展报告》(2017年)第一章B1"2017年全球数字经济发展报告",作者:王振、惠志斌、王滢波、赵付春,有所修订。

典,数字经济(Digital Economy)一词最早产生于 1994 年 3 月 1 日美国《圣迭戈联合论坛报》的一篇报道(李长江,2017)。1995 年,加拿大学者唐·塔普斯科特(Don Tapscott)出版的《数字经济:网络智能时代的希望和危险》(*The Digital Economy*：*Promise and Peril in the Age of Networked Intelligence*)被认为是第一个正确对数字经济进行阐释的学术著作。该书解释了新经济、新业务和新技术之间的关系,及其如何相互促进,提出数字经济包含两代经济活动:第一个是信息性的,如在网站上发布静态信息等基本任务;第二个与互联网所支持的交互活动有关。

此后,曼纽尔·卡斯特(Manuel Castells)的《信息时代三部曲》(*The Information Age Trilogy*)、尼古拉斯·尼格鲁庞蒂(Nicholas Negroponte)的《数字化生存》(*Being Digital*)等重要著作出版,让学术界和产业界进一步关注数字经济的现象和趋势(马化腾,2017)。1998 年,美国商务部发布《浮现中的数字经济》(The Emerging Digital Economy)系列报告,提出数字经济是 20 世纪 90 年代中后期美国经济的繁荣增长的重要因素,并从政府角度判断数字经济时代的到来,开始设计测量指标、搜集数据,将数字经济纳入官方统计中,这一系列报告对于数字经济发展起到了推波助澜的作用,数字经济概念开始广泛使用。

进入 21 世纪,随着互联网技术的创新和扩散,主要国际组织和各国政府开始将政策重心转向数字经济,加大对数字经济的研究和促进,希望以数字经济为抓手促进产业创新拉动经济增长。例如,世界经济论坛从 2002 年起每年发布全球信息技术报告(The Global Information Technology Report),其首份报告就提到数字经济的概念。经济合作与发展组织连续多年发布数字经济相关测度报告,并在多个报告标题中明确使用数字经济,如《测度数字经济:一个新的视角》(Measuring the Digital Economy：A New Perspective,2014 年)。根据《2015 经合组织数字经济展望报告》显示,截至 2015 年,80％的经合组织成员国都制定了数字经济国家战略框架。2016 年

9月,二十国集团(G20)杭州峰会发布《G20数字经济发展与合作倡议》,这一倡议成为全球首个由多国领导人共同签署的数字经济政策文件。经历20多年的发展,数字经济正从新兴走向主流,已经成为世界经济创新发展的主流模式。

对于数字经济最权威的定义来自2016年二十国集团杭州峰会,即"数字经济是指以使用数字化的知识和信息作为关键生产要素、以现代信息网络作为重要载体、以信息通信技术的有效使用作为效率提升和经济结构优化的重要推动力的一系列经济活动"。[①]

布吉特和希克斯(Bukht and Heeks,2017)对数字经济的定义进行了一个全面的回顾,最后将其分为三个层面:

核心层是传统IT/ICT部门(digital sector),包括信息服务、电信业、硬件设备制造(如通信设备、计算机和光缆等)、软件和IT咨询业,负责提供数字商品和服务。随着ICT技术不断发展,其内容也在不断丰富。

第二层可称为数字经济(digital economy),源于数字技术的经济产出,在于数字商品或服务的商业模式,包括各类数字服务、平台经济,此外灵工经济(gig economy)、共享经济等部门只部分属于这一层次,另一部分属于第三层次,算是跨越边界的一类经济形态。总体来说,第二层属于狭义的数字经济概念。

第三层是数字应用经济(digitalized economy),即各类信息技术在各类产业的应用,如电子商务、工业4.0、精准农业、算法经济等,是广义的数字经济概念,是数字技术广泛应用发挥其价值的领域。

二、数字经济的特征[②]

作为一种全新的经济形态,数字经济呈现出有别于传统工业经济的独

[①] http://www.g20chn.org/hywj/dncgwj/201609/t20160920_3474.html,访问时间:2023年6月9日。
[②] 本节内容引自《数字经济蓝皮书　全球数字经济发展报告》(2017年)第一章B1"2017年全球数字经济发展报告",作者:王振、惠志斌、王滢波、赵付春。

有特征,具体表现如下。

一是"云＋网＋端"成为数字经济的核心基础设施。传统工业时代的经济基础设施以铁路、公路、电网等为代表,数字经济时代的基础设施则以"云＋网＋端"的架构运行。其中云计算具有资源共享、可扩展性、高可用性、高容错率、快速部署、按需付费、集约高效等优势,为各类用户便捷、高效、低成本地使用各类网络计算资源提供可能。"网"不仅包括原有的"互联网",还拓展到"物联网"领域,网络承载能力不断得到提高、新增价值持续得到挖掘。"端"则是用户直接接触的个人电脑、移动设备、可穿戴设备、传感器,乃至软件形式存在的应用,都是数据的来源,也是服务提供的界面。"云＋网＋端"的数字基础设施对传统物理基础设施进行数字化改造,使得传统农业基础设施(土地、水利设施等)和工业基础设施(交通、能源等)趋向智能(阿里研究院,2015:20)。

二是数据资源成为数字经济的关键生产要素。如同农业时代的土地和劳动力,工业时代的资本、矿产、物资等,数据资源是数字经济发展的关键生产要素。随着移动互联网和物联网的蓬勃发展,人与人、人与物、物与物的互联互通得以实现,数据量呈现爆发式增长,企业竞争的核心是产品和服务的创新引领能力,企业创新的核心是对用户、环境等各类数据资源的获取和分析能力,基于数据的按需生产日益成为可能。因此,数据资源也被称为是数字经济时代的"石油"。

三是平台经济成为数字经济的主流商业模式。根据美国哈佛大学的一项研究表明,全球市值最大的100家互联网公司中,有60家主要收入来自平台模式,不仅如此,新兴的O2O、分享经济、众包、众筹等新业态也都采取了平台模式。其发展呈现出逆周期之势,即使是在疫情全球蔓延的今天。表2.6显示全球市值最高的部分平台企业近五年来的营收增长情况。平台经济已成为推动经济发展的重要引擎。但是,与工业时代垄断型企业不同,平台经济体呈现出生态性、开放性、共赢性、普惠性等特征,为中小企业的创新发展提供了土壤和空间,从而推动数字经济的可持续发展。

表 2.6　全球头部数字平台企业的营收增长(2017—2021 年)

(单位:十亿美元)

公　司	2017 年	2018 年	2019 年	2020 年	2021 年	五年年均增长	2021 年年增长
亚马逊	177.9	232.9	280.5	386.1	469.8	27.5%	21.7%
苹　果	229.2	265.6	260.2	274.5	365.8	12.4%	33.3%
Alphabet	110.9	136.8	161.9	182.5	257.6	23.5%	41.1%
微　软	90.0	110.4	125.8	143.0	168.08	16.9%	17.5%
阿里巴巴	35.6	54.1	76.6	101.0	131.12	38.6%	29.8%
腾　讯	37.3	49.0	59.2	75.6	86.16	23.3%	14.0%

资料来源:自行整理。

四是多元共治成为数字经济的科学治理方式。数字经济时代,社会治理的模式发生深刻变革,过去政府单纯监管的治理模式加速向多元主体协同共治方式转变。数字经济是一个复杂生态系统,海量主体参与市场竞争,线上线下融合成为发展常态,跨行业跨地域竞争日趋激烈,导致新问题层出不穷,老问题在线上被放大,新老问题交织汇聚,仅依靠政府监管难以应对。将平台、企业、用户和消费者等数字经济生态的重要参与主体纳入治理体系,发挥各方在治理方面的比较优势,构建多元协同治理方式,已成为政府治理创新的新方向。平台成为数字经济时代协调和配置资源的基本单元,对平台之上的各类经济问题,平台有治理责任和义务,也有治理优势。将平台纳入治理体系,赋予其一定的治理职责,并明确其责任边界,已经成为社会各界共识。数字经济时代,激发用户和消费者参与治理的能动性,形成遍布全网的市场化内生治理方式,可有效应对数字经济中分散化海量化的治理问题(中国信通院,2017)。

三、全球数字合作

数字化转型正在影响生活、商业和政务活动的方方面面,为世界各地的人们和企业创造了大量新的经济机会,但与此同时,也带来了前所未有的挑战。2020 年 5 月,联合国发布《全球数字合作路线图》,报告分析了这些机会和挑战。机会包括在当前新型冠状病毒大流行的追踪、分析、药物研发、电子商务等合作,挑战主要体现在社交媒体滥用、数字鸿沟、数据泄露等多个方面。就国际社会如何能够共同努力优化数字技术的使用和降低风险,报告提出了以下五组建议,包括:(1)建设包容的数字经济和社会;(2)发展人力资源和机构能力;(3)保护人权和人的能动性;(4)促进数字信任、安全和稳定;(5)促进全球数字合作。在促进全球数字合作方面倡导三种模式:强化和改进的"互联网治理论坛＋"、分布式共同治理架构和数字共享架构。①

在发展中国家与发达国家在数字经济发展差距,或称数字鸿沟问题上,埃森哲(Accenture,2017)曾经预测发展中国家增长率可以保持在 2 位数的发展,如此双方差距有望缩小。②但是到今天看,这一估计明显过于乐观,南北双方在数字经济差距并没有明显缩小。问题不仅仅在于双方在数字技术的应用方面,更多是观念方面的转变。因此数字鸿沟的弥合,国际数据治理等问题将会是一个更加漫长的过程,需要各方持续的合作。

在区域层面,巴林、约旦、科威特、尼日利亚、阿曼、巴基斯坦和沙特阿拉伯等中东国家 2020 年成立了数字合作组织(DCO)。这一组织设立理事会、总秘书处和根据需要建立的临时委员会,总部设在利雅得,旨在推动成员国之间在共享经济中创业、创新、业务增长和就业方面加强合作与协调。通过促进共同利益和协同的数字化转型,使成员国能够为女性、青年和企业家赋能,在税制方面得到协调,加速数字经济的增长,实现经济繁荣。其合作领

---

① https://www.un.org/techenvoy/content/global-digital-cooperation,访问时间:2023 年 6 月 9 日。

② Accenture, 2017. Growing the Digital Economy, Accenture, Dublin. https://www.accenture.com/gben/insight-digital-disruption-growth-multiplier,访问时间:2023 年 6 月 9 日。

域包含八个方面：数字基础设施、商业环境、公共管理、数据流动、技术伦理、数字能力培育、数字税制、关键新兴技术能力。①

欧盟在数字合作方面专门成立数字化发展港湾计划（Digital 4 Development Hub，D4D），可以让成员国协调开展行动，推进多方利益相关者对话，以利用专业知识和资源建立新的数字合作伙伴关系。②在这一计划框架下，欧盟推动了与非盟、拉美和加勒比地区的数字合作，其重点工作包括如下三个方面。

（1）弥合数据鸿沟。欧盟致力于使数字化转型成为一个具有完全包容性和变革性的过程，确保数字化的收益和机会遍布所有人口阶层，惠及世界上最不发达地区和最脆弱的人群。具体项目包括，通过欧盟的5G工具箱提升其伙伴国家的数字主权，降低潜在的安全风险。AfricaConnect项目为南部和东部非洲的研究和教育建立了一个高容量的互联网网络，为该地区提供了通往全球研究合作的门户。

（2）促进公平和负责任的数字经济。欧盟与其合作伙伴开展广泛的合作：从保护个人数据和人工智能（AI）合乎道德的使用，到开发数据敏捷的商业模式和竞争规则平台经济。欧盟向合作伙伴提供在建立世界上最先进的数字单一市场方面分享欧洲专业知识的机会。2019年，欧盟-非盟数字经济工作组联合起草了一份关于在两大洲之间建立数字经济伙伴关系的报告，从而创建了欧盟-非盟数字化转型伙伴关系和欧盟-非盟数据旗舰。

（3）促进数字创新和企业家精神。数字创业在弥合数字鸿沟和提高女性的社会经济包容性方面发挥着至关重要的作用。欧盟通过专门的加速器计划以及监管和财政援助来支持数字生态系统。

综合上述，国际数字合作实际上承担着多项任务，它不仅仅是一个经济

① https://dco.org/，访问时间：2023年6月9日。
② https://ec.europa.eu/international-partnerships/topics/digital-partnerships_en，访问时间：2023年6月9日。

发展问题,更多有社会、教育、公平、可持续等方面更为宏观的目标。因此在"一带一路"沿线国家推进数字合作,即建设"数字一带一路",同样应该关注这些目标。

第三章
当前国际科创合作的主要形式

　　跨学科、跨机构之间的科创合作已经成为当前的国际合作常态。乔治欧(Georghiou, 1998)将国际科技合作定义为"来自工业国家的研究人员之间跨越两个或多个大陆的国际合作"。考虑到世界上存在不同科技发展水平的国家,不仅仅是工业国家,每个国家都有科技发展的内在需求,存在向外部引进技术的动力。此外,"科创"的概念比"科技"要更宽泛一些。

　　国际科创合作的主要方式日益多样化,包括研究人员的交流,包括访学、研讨会及各类学术交流会议形式;通过国际合作项目或网络,从成果交流到参与者之间分工建立充分互动的伙伴关系;提供数据和信息访问权;分享或分摊科学仪器或大型设施的成本;通过科学实验室建立长期合作关系;参与合作国的国家计划;在伙伴国建立附属实验室;赞助或参与国家计划等(Georghiou, 1998)。此外还有项目援助、专利申请、产业链合作等形式。以欧盟为例,以滚动式框架计划科研资金(Framework Programme for Research)推动合作项目一直是国际科创合作的主导模式。在全球范围内,研究人员交流和大科学项目合作占科学合作的主导地位。而跨国公司为主导全球价值链分布则是推动国家之间创新合作的主流形式。

　　本章将国际科创合作分为三大类。第一类是科学界的合作,包括基础设施、基础和应用科研等。第二类是产业界的合作，重在科技创新成果转化和交流，这其中包括与国外科学界的合作，因此这一类合作实际上已经跨界了。第三类是政府的合作，涉及科技战略合作领域。像欧盟、东盟这样比较正式的区域性组织，都有专门的科研基金，会推出本区域或跨区域的跨国科研合作招投标项目。

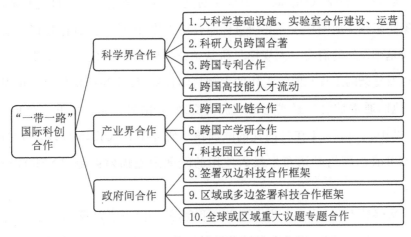

图 3.1 "一带一路"国际科创合作分类

不同的合作方式代表着知识不同的流动渠道和方式，不同政府的科技合作协议本身虽然没有知识的流动，但它构成国际科创合作的制度框架，使科技合作之所以成为可能，国家和政府间的关系和推动力是必不可少的前提。从这一意义上看，政府科技合作协议构成为知识流动的国际制度环境。

当然，由于不同主体之间的关系密切性，上述分类之间并不总是泾渭分明，而在一定程度上有重叠性。例如专利合作，企业与研究机构之间存在多种合作方式。

以下对不同国际科创合作形式的特点分别进行分析。

第一节 科学界科技合作

一、科学基础设施的共建和大科学合作

随着"大科学"(big sicence)概念的提出,科学的组织分工日益复杂,科学家越来越多地围绕人类共同目标而开展工作,由此产生合作建设大规模科研基础设施的需要。大规模科研基础设施(LSRI)被定义为需要大量投资以及复杂的工程和网络工作的大型科学仪器、设施和设备集群。正因如此,他们通常是由国家或超国家机构资助,并由科学家社区共享(Qiao et al.,2016)。1954 年在日内瓦的欧洲核子研究中心(CERN),以及 1991—1992 年在法国格勒诺布尔投入使用的欧洲阳光辐射设施(ESFR),均属此类。

大多数 LSRI 本质上为大型实验平台,例如同步辐射源、中子源或先进的激光设备,它们服务于广泛科学学科的基础和应用研究。实验平台的目的主要在于为科学家用户提供大多数大学无法使用的高度专业化的科学仪器和实验条件。在中子散射、同步加速器辐射和自由电子激光器设施等领域,实验平台需要科学家和外部用户之间永久的密切合作(Hallonsten,2016:486),以及设施需要高度专业化,同时保持对广泛的科学界的吸引力(Heidler and Hallonsten,2015)。大科学基础设施的作用体现在以下方面:

● 大科学中心可以作为新兴技术重要的领先客户(Lead user);

● 在创新发展的全过程都可以利用大科学设施;

● 大科学中心可用于推进开发项目;

● 大科学项目在经济上并不总是有利可图,但技术学习的好处可能超过经济上的好处。

　　许多合作研究的中心分享昂贵而独特的研究所必需的设备(Meadows and O'Connor，1971；Beaver，2001)。随着跨学科研究的增加,合作方可以贡献其特别的专业知识而使得知识生产更有成效。大多数追踪公共研究机构对增长影响的研究都或多或少地将这些机构作为衍生产品、许可和新知识的来源。

　　基于设施用户与仪器科学家的共同关注点和专业差距,迪波利托和卢林(D'Ippolito and Rüling，2019)区分基于大科学基础设施的四种合作模式,分别是完全服务型、互补协作型、仪器服务型和同行协作型。

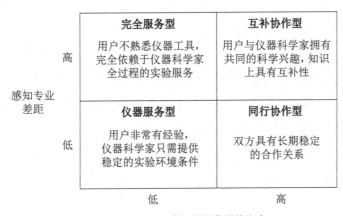

图 3.2　基于大科学设施的四种合作模式

资料来源:D'Ippolito and Rüling，2019。

　　施米德(Schmied，1987)对大型研究中心产生的"二级经济影响"开展量化研究。他明确了其价值产生的四种不同机制:

　　(1)创新收益:由于新产品、改进的产品、更好的质量体系而导致的销售额增加;

　　(2)商业利益:作为大科学中心的供应商,具有营销参考价值而增加销售额;

（3）维持产能：供应商合同的直接财务影响；

（4）成本节约：通过流程改进提高盈利能力。

在对欧洲核子研究中心（CERN）和欧洲航天局（ESA）的几项研究中，施米德和他的同事试图量化大科学设施所带来的收益。他们基于与公司经理的直接访谈的经验数据，根据受访经理的主观感受，施米德和同事估计每个合同的总附加值比率在2.7（ESA）到3.7（CERN）之间，每个大型科学中心的总支出产出比率从1.2到1.6。根据施米德（Schmied，1982）的研究，大约四分之一的增值可归为"创新收益"，另外四分之一归为"商业收益"。斯特莱特-边驰等人（Streit-Bianchi et al.，1984）使用类似的技术（相同的数据）得出合同总成本收益比率为3.0。

奥梯欧（Autio et al.，2004）将大科学中心视为一个学习平台，一个理想的学习环境，既可以促进知识的广泛流动，也可以为科学家或科研机构建立社会网络，带来社会资本，从而有利于隐性知识和技术知识的传播，提高了单个科学家的生产力，促进创新收益。

当然并非所有的合作都是理想的。有大量合作者的项目从未完成或结果令人失望，合作者称未能达到预期。

二、科研人员跨国论文合作

来自两个以上国家的科研人员通过共同开展研究，发表论文，是最为常见的科研合作形式。论文合作偶尔来源于不同国家大学、科研机构的正式合作，但更多的只是科研团队和个人之间联系的结果。国际合作论文具有可检验性、稳定性、易测量性和数据可用性等优势，其数量和质量代表了科学研究跨国界的力度，因此成为国际上通用的测量国际科研合作力度的指标（Katz and Martin，1997）。

尽管学科之间存在一些差异，但"与他人合作进行科学研究"已成为常态（Beaver and Rosen，1979）。现代科学日益跨学科、复杂和昂贵的特点，使科学家参与到越来越多的合作研究活动中。大多数关于合作的研究都假设，合作可以提升科研生产力(Lee and Bozeman，2005)

随着各国人员交流的密切，越来越多的国家的科研人员参与到合作发表的论文的队伍之中。根据亚当斯(Adams，2013)的统计，从 1991 年以来，国际论文合作增长了 10 倍，金砖国家增长了 20 倍。瓦格纳(Wagner et al.，2015)发现科学网(Web of Science，WoS)中，国际合著的作品从 1990 年 10％增长到 2011 年 25％。

不仅如此，研究发现，国际合著的质量也显著提高(Presser，1980；Lancho-Barrantes et al.，2013；Archambault et al.，2016)。国际合著文章的引用率往往高于国内合著或独著的作品(Glänzel and de Lange，2002)。学者的研究越前沿，他们在国际层面工作的可能性就越大，并且往往更具跨学科性(Wagner et al.，2019)。

对于科研水平相对落后的国家科研人员而言，通过与科研强国人员的科研论文合作，可以获得更多更深的本学科前沿知识和方法，增加发表的机会等收益，因此是明显的受益方。因此很多国家都公派留学生、学者访学计划，让本国科研人员获得前沿知识，从而获得知识转移。其中虽然有很多人移民不归，但是他们仍然与母国保持密切的联系，为母国的科技发展做出贡献。为此各新兴国家如中国、印度、南非、巴西等都高度重视侨民的作用。

三、专利的跨国合作申请

跨国共同申请专利(co-patent)是指由来自不同国家的至少两名发明人开发的专利，他们通常隶属于某个组织。这一指标代表着国家之间研发合作的可见成果，同时体现国家科技合作的深度。

根据经合组织对 2019 年全球专利的统计，欧洲、美国以及按 PCT 专利局几个主要国家与外国人共同申请专利的数量情况如后页表 3.1 所示，可以发现跨国合作专利申请几个发展趋势。

表 3.1 三大专利局跨国合作专利情况统计（2001—2019 年）

专利合作申请国家	与外国共同发明的专利	2019年 数量(个)	2019年 百分比	2018年 数量(个)	2018年 百分比	2017年 数量(个)	2017年 百分比	2016年 数量(个)	2016年 百分比	2015年 数量(个)	2015年 百分比	2010年 数量(个)	2010年 百分比	2001年 数量(个)	2001年 百分比
欧洲专利局	专利总数	63 241	—	147 227	—	152 516	—	148 723	—	146 757	—	134 578	—	117 310	—
	对外合作总数	4 300	6.8%	12 049	8.2%	12 475	8.2%	12 437	8.4%	12 533	8.5%	11 243	8.4%	8 233	7.0%
	日 本	238	0.4%	694	0.5%	783	0.5%	626	0.4%	663	0.5%	621	0.5%	590	0.5%
	美 国	1 785	2.8%	5 488	3.7%	5 592	3.7%	5 829	3.9%	6 000	4.1%	5 035	3.7%	4 188	3.6%
	欧盟(27)	3 022	4.8%	7 934	5.4%	8 148	5.3%	8 215	5.5%	8 139	5.5%	7 522	5.6%	5 623	4.8%
根据PCT提交的专利申请	专利总数	234 359	—	244 540	—	236 315	—	225 454	—	211 550	—	160 815	—	103 482	—
	对外合作总数	13 985	6.0%	15 150	6.2%	14 968	6.3%	14 315	6.3%	14 201	6.7%	11 449	7.1%	7 536	7.3%
	日 本	1 182	0.5%	1 367	0.6%	1 197	0.5%	936	0.4%	903	0.4%	715	0.4%	516	0.5%
	美 国	7 227	3.1%	7 637	3.1%	7 819	3.3%	7 679	3.4%	7 727	3.7%	5 684	3.5%	4 203	4.1%
	欧盟(27)	7 578	3.2%	8 342	3.4%	8 149	3.4%	7 904	3.5%	7 848	3.7%	6 876	4.3%	4 754	4.6%
美国专利商标局	专利总数	304 587	—	378 637	—	402 604	—	401 693	—	400 030	—	323 255	—	260 117	—
	对外合作总数	25 192	8.3%	31 535	8.3%	33 788	8.4%	33 060	8.2%	32 642	8.2%	23 665	7.3%	12 565	4.8%
	日 本	1 542	0.5%	1 981	0.5%	2 219	0.6%	2 054	0.5%	2 052	0.5%	1 800	0.6%	1 322	0.5%
	美 国	18 699	6.1%	22 381	5.9%	23 633	5.9%	22 926	5.7%	22 446	5.6%	15 234	4.7%	8 901	3.4%
	欧盟(27)	9 597	3.2%	13 159	3.5%	14 400	3.6%	13 978	3.5%	13 636	3.4%	10 755	3.3%	6 343	2.4%

说明：篇幅所限，2001—2015 年间仅列出 2001 年、2010 年、2015 年三年的数据。

资料来源：经合组织统计网站 https://stats.oecd.org/Index.aspx?DataSetCode=PATS_COOP。

首先,从 2001 年以来,跨国合作专利总数呈现逐年递增的趋势。2018 年比 2001 年增长了一倍有余。

其次,跨国合作专利的占比呈现下滑趋势。从三类专利数据看,峰值出现在 2001 年或 2015 年。这种占比的下降既与总量增长有关,也从一个侧面显示近年来全球化趋势确实有趋缓或下降。

最后,近年来,跨国合作总数有下滑的迹象。表中显示,跨国合作专利的多数峰值出现在 2017—2018 年,之后有不同程度的下滑。当然,由于数据所限,这是短期波动还是已经形成趋势,仍有待于观察。

在经济学文献中,共同专利一般用于衡量知识溢出和其他空间外部效应(Grilliches,1981,1990)。此外,共同专利也被认为是一个涉及隐性和未编码知识交流的过程,发明者之间的关系交流需要"面对面",从而地理空间因素变得重要,需要纳入考量。

帕西和乌赛(Paci and Usai,2000)以及布雷斯基和李斯尼(Breschi and Lissoni,2004)对整个欧洲不同 NUTS 级别①的专利活动进行了系统分析,表明在"核心-外围"地理格局下存在显著的集群现象,其集聚指数甚至高于高科技制造企业注册的集聚指数。而根据万岑伯克(Wanzenböck et al.,2013)对欧洲国家的研究,在跨国知识网络之中,相比于共同发表论文和重大项目合作,共同申请专利的国际合作更加不普遍,仅为前二者的 1/7—1/10。这都表明这一合作形式对参与人之间的关系密切度要求更高。

专利合作的重要基础是各国自身应该具有较好的专利保护制度。但是从现实来看,"一带一路"国家以发展中国家为主,普遍面临知识产权保护不力、法律不健全的问题。根据帕帕乔吉亚迪斯(Papageorgiadis et al.,2014)所公布的国家专利系统强度指数(1998—2011 年平均值)如表 3.2 所示。可以看出半数以上国家低于 5 分(满分 10 分),属于力度较弱的群体。

---

① NUTS 分类(统计领土单位命名法)是一个用以划分欧盟和英国经济领土的等级系统,以便于收集、开发和协调欧洲区域统计数据和社会经济分析。

因此对于"一带一路"国家而言,在对外合作方面,虽然抱支持态度,但是此类合作数量相当有限,质量也不高,从而在国际专利合作网络中常常处于边缘地位。

表 3.2　部分国家专利系统强度指数(1998—2011 年)

国　家	得　分	国　家	得　分
新加坡	9.2	巴　西	4.4
智　利	7.3	土耳其	4.4
以色列	7	中　国	4.2
匈牙利	5.6	泰　国	4.2
约　旦	5.6	墨西哥	4.1
马来西亚	5.5	印　度	4
南　非	5.4	罗马尼亚	4
意大利	5.3	阿根廷	3.6
韩　国	5.3	菲律宾	3.5
捷　克	5.1	印度尼西亚	3.1
希　腊	5	俄罗斯	3.1
波　兰	4.8	乌克兰	3.1
斯洛伐克	4.8	委内瑞拉	2.9

数据来源:Papageorgiadis and Sofka,2019。

四、国际高技能人才流动

人才是科技发展的核心动力。发达国家的科研机构、研究型大学等,以其优越的物质、学术环境吸引别国优秀人才的加盟,如此形成正循环,确保其持续成为全球顶尖人才的聚集地,在科技领域保持领先。

国际人才流动既是国际科创合作的一部分,也可以视为科创竞争的一部分。站在全球的视角,人才的移动促进人力资源在全球配置,对全球整体经济有促进作用。

具体到国家层面,一般认为,移民对接受国家的直接贡献是非常巨大的。经合组织于 2021 发布的《国际移民展望》报告显示,2017 年,在接受调查的经合组织经济体中,移民缴纳了 2.5 万亿美元的税款和缴款,比政府花在这些经济体上的金额多 5 700 亿美元。这还只是一般移民的情况。

克尔等人(Kerr et al.,2016)将移民按受教育程度区分为高技能和低技能两类。①他们的统计显示,2010 年经合组织国家高技能移民达到 2 800 万,比 1990 年增长了 130%,而同期低技能移民仅增长 40%。经合组织以其占全球 20% 的人口吸引了 2/3 的移民。其研究进一步表明,促成高技能人才更多移民的原因除了薪酬,还有聚集优势、生产率溢出、跨国企业内部调动,以及教育背景的影响。

在高技能移民方面,美国处于全球顶端。2010 年,美国接收了 1 140 万技术移民,占经合组织总数的 41%,高技能移民或占全球三分之一。在硅谷有一半以上的高技术人才和企业家是移民。世界知识产权组织曾对发明人在国家之间流动的情况作了统计,发现美国和中国、印度位于人才流动的两端。美国是全球人才流动最大的受益国,然后是瑞士、新加坡和北欧各国,而世界两个人口大国,中国和印度,则承受着最大的人才输出任务。

对人才输出国而言,是否一定受损,存在不同的见解。越来越多的研究表明,与其他资源流动相比,人才国际流动对人才输出国家的积极意义仍大于消极意义。法克勒等(Fackler et al.,2018)研究发现,虽然技术移民不再在本国进行发明创造,但他们对母国的贡献不仅仅是资金回流,更有助于跨境知识和技术传播,从而帮助欠发达国家赶上技术前沿。华为和利德尔(Huawei and Arthur D. Little,2021)的研究报告指出,中东国家受益于大量出国留学并将技能和能力带回本国的毕业生(沙特阿拉伯、阿曼、卡塔尔和阿联酋就是例子)。对这些国家而言,挑战只在于劳动力中运用这些技能来创造价值。

---

① 高技能工人(HS)被定义为那些受过至少一年高等教育的人。低技能(LS)工人是那些受过小学教育的人。数据涵盖工作年龄(25 岁以上)的人。

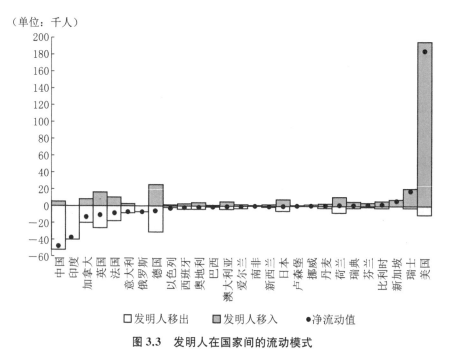

图 3.3 发明人在国家间的流动模式

数据来源：World Intellectual Property Organization（WIPO）database；Miguelez, Ernst, and Carsten Fink, "Measuring the International Mobility of Inventors: A New Database," World Intellectual Property Organization Working Paper 8（2013）。

　　不仅如此，国际人才流动的积极意义还在于，伴随着人才输出国家经济发展和人才竞争意识觉醒，他们会逐步改善吸引和挽留人才的各类政策，同时在国内努力营造尊重知识、尊重人才的氛围，建立科研合作平台，鼓励和吸引外籍科学家参与本国科技计划，提升科研水平（路铁军、王泽森，2018），发展适合高技能人才的产业，提供相应岗位，因而更容易向知识经济转型。那些不这样做的国家，只会持续蒙受人才流失的困境。

第二节　产业界合作

　　在经济全球化的大潮流下，产业界的科技创新合作明显更加活跃。产业界的科创合作,构成各国科创合作最重要的组成部分。

一、产业链跨国研发合作

知识经济年代的到来,知识不仅是企业的重要竞争优势来源,也是国家的竞争优势来源。一方面科技创新本身就是知识的主要来源。另一方面根据熊彼特的定义,知识的组合即是创新。因此,产业链层面的国际科创合作的本质或微观基础是知识在国际间的生产、流动、共享和应用,形成一条国际知识产业链。

产业链不同环节在全球不同地区的分布是一个广受关注的现象。诺贝尔奖得主克鲁格曼(Krugman et al.,1995)提出,世界范围的经济一体化促进了商品生产在全球不同地点进行,每个阶段都有增值性工作。企业的选址和全球产业链上的定位成为一项重要的决策(Acemoglu et al.,2009)。这里所谈到的"全球产业链"意指从产品创意到最终销售给用户的全过程,这其中需要经过多个国家的中间商。

很显然,在全球产业链上,不同环节所具有的价值是不平衡的。根据宏碁公司 CEO 施振荣所提出的"微笑曲线"理论,在产业链的两端,即产品研发和设计以及市场销售和服务端,价值最高,而处于中间的生产加工环节,实际上价值最低,在产业链中是最没有发言权的。这样就构成一条 U 形曲线,恰如人面部的微笑(图 3.4)。发达国家占据价值链的两端,而新兴工业国家和发展中国家则处于价值链的中间部分。

产业链全球化的后果不仅仅是产业和贸易层面,同时还有技术知识的流动和转移。发展中国家通过参与全球产业链,可以获得来自国外的技术诀窍、管理经验等,从而实现知识的转移,促进经济发展。这一转移随着信息革命的兴起更变得更加便利而廉价。而根据鲍德温和埃文尼特(Baldwin and Evenett,2015)的研究,自 20 世纪 70 年代以来,由于离岸外包所导致的产业链成本结构的变化,微笑曲线上不同环节的在总价值链的份额进一

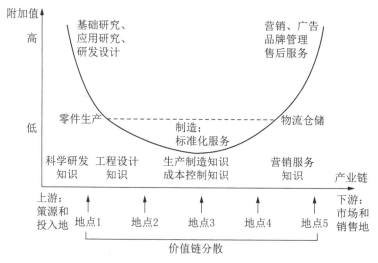

图 3.4 微笑曲线与知识产业链

资料来源:施振荣,2005;Rungi and Del Prete,2017,有调整。

步分化,两端相比于中间制造环节的比重差异变得更加悬殊。随着近年来制造业数字化的进一步发展,机器人的大量应用,制造环节的价值有提升的趋势。

跨国技术贸易与商品贸易存在显著的差异。商品贸易一般会给双方带来利益,但是技术贸易和转移更加有利于技术较弱的一方,相当于科技先进国在培育自己的竞争对手,因此比对商品贸易要求关系友好度或对知识产权保护法律要求更高。基于润吉和德尔普雷特(Rungi and Del Prete,2017)的调查,跨国公司会倾向把较高价值、竞争性少的生产环节放在母国,由独立的公司运营,而不会将其整合在跨国产业链之中,只对一些其他低价值的环节采取离岸外包的方式。这实际上是企业对自身的知识产权或技术诀窍进行保护的一种措施。

如果从知识管理的视角看,对微笑曲线现象的存在可以作出一个较为合理全新的解释。

从产业链的全过程来看,不同环节所需的知识深度是不一样的。从源头看,随着现代科学技术的发展,需要强大的科研作为基础,其背后是科学家群体。在科学家之后,需要有发明家,通过反复试验将科技成果转化为实际产品,这其中包含专利的申请和保护。

在生产制造环节,需要有工程、生产、成本控制的知识,而当产品进入批量生产时期,产品逐渐商品化,此类知识会扩散成为一种公开或半公开的知识,其价值将呈现直线下降的趋势。

在市场销售环节,产品是否能为市场所接受,同时由于市场激烈的竞争,找准市场,建立品牌是一个长期的过程,需要深入的市场知识。这往往需要企业家群体对市场的洞察和战略思维,有时凭借的是企业家的直觉。

从稀缺性看,产业链上下游两端的知识都是相对隐性而稀缺的,但是性质上有所不同。处于上游的科技研发端需要掌握艰深的科学知识,对产品的原理知识进行剖析。处于下游的营销端是基于对市场的理解,对未来的洞察,它是相对隐性的,从而价值较高。

与此相对应的是不同活动在地理的分散性。对于一个产业而言,价值较高的部分通常处于科技和市场较为发达的国家,而价值较低的部分处于发展中国家。从产业链的合作来看,本身就是不同知识水平的国家之间的科创合作。

对于科技发展水平相对落后的国家而言,要想实现产业的升级,最主要的策略之一,就是加强与科技发达国家之间的合作,逐渐从上游扩展自身的科技实力,为产品注入更多的本地研发设计因素。这正是很多后发国家所采取的手段。

但是如果从知识的传播规律看,这种升级的过程必定是长期且艰辛的。原因主要源于以下多个方面。一是科技落后国家往往是教育也比较落后,国民对于科技的吸收能力较弱。二是有价值的知识通常以隐性知识的形式存在,这种隐性知识很难转移。三是科创的发展需要有一个良性的制度环境,这种制度在落后国家短期内并不具备。还有一个重要的文化原因,就是以美国为首的科技大国,以先发优势吸引了全球大量科学家的流入,使得大量的科技知识主要以英语、德语、法语方式存在。要想获得和理解这些知识,非此语系国家的人必须投入大量时间和金钱。以中国为例,每年投入的英语学习和留学费用都是数以百亿美元计。这种语言和文化上的天然优势无法在短期内克服,势必强化科技大国的优势地位。

这也就是当前在国际上以英文为主导的文献库中,科创政策的多数研究关注相对发达的国家,此外仅有少量新兴大国,如印度、巴西、南非等也受到关注的原因。对于一些较贫困、教育投入低的国家而言,他们很难接触到现代科技知识,需要科技发达国家进行支援和分享。就"一带一路"倡议而言,沿线多数国家科技水平比较落后,其政策以模仿和学习为主,有些甚至根本没有单独的科创政策。中国在科创方面虽然也属于追赶中的国家,但作为科创方面进步最大的国家,可以为其他国家提供示范效应,并帮助它们一步步提升自身的科创水平。

发展中国家的创新普遍是以模仿和吸收为主。已经有很多学者开始关注发展中国家的创新追赶行为。例如李和林描述了基于韩国产业提出三种不同的追赶模式。包括:(1)路径创建型追赶;(2)路径跳跃式追赶;以及(3)路径跟踪型追赶(Lee and Lim,2001)。厄恩斯特(Ernst,2002)通过研究发展中国家借助于国际网络对成熟技术开展逆向工程,进而构建创新系统的过程。

佩雷兹(Pérez,2001)提出某些技术类别或技术发展到成熟的某些阶段,为发展中国家提供了追赶的"机会之窗"。这一机会窗口可能会受到多种因素的影响,包括创建适当的制度框架、恰当的政府政策和熟练的人力资源等(Niosi and Reid,2007)。麦克马洪和托尔斯泰因多蒂尔(McMahon and Thorsteinsdóttir,2013)[①]提出即便是对于新兴技术这种没有外部经验

---

① Dominique McMahon and Halla Thorsteinsdóttir, Pursuing Endogenous High-tech Innovation in Developing Countries: A Look at Regenerative Medicine Innovation in Brazil, China and India, *Research Policy*, 42 (2013), pp.965—974.

可供借鉴的情况下,发展中国家仍然可以实现自我创新。他们以巴西、中国和印度为例讨论了发展中国家在新兴技术领域提升自主创新能力的问题,发现发展中国家可以实现新兴领域的由需求驱动的创新,即便存在资源匮乏这一特定条件。而且在这一过程中,企业在创新中的作用较小,重要的是吸引更广泛的创新参与者。

讨论国家之间的科创合作与科学外交之间存在密不可分的关系,此方面亦有相关研究文献。对于国家之间为何要开展科学合作,存在多种解释路径。

第一,从科学内在的规律,如中心-边缘理论(centre-periphery theory)所提出的,落后国家寻求与先进国家合作(Schott,1998;Shils,1988)。钟和郑(Zhong and Zheng,2011)强调了国际知识溢出对于发展中国家科技进步的重要作用。

第二,科学机构的专业化也促进了科学的跨国合作更加频繁,很多大科学工程(基础科学或大型科学基础设施)需要跨国的合作,以分摊成本。

第三,从科学外在的规律进行解释,主要有以下因素:国家和私人捐赠者对科研能力持续投资(Wagner et al.,2001);国家间地理邻近性或殖民历史上的联系(Zitt et al.,2000);ICT发展使得跨国沟通成本大大下降(Gibbons et al.,1994)等。

国家之间的距离不仅仅是地理上的。格马瓦特(Ghemawat,2007)提出不同国家间距离的 CAGE 模型,包括文化、行政、地理和经济四个方面的距离。

瓦格纳和莱德斯多夫(Wagner and Leydesdorff,2005)提出国际合作是一个自组织网络的假设,解释了国际合作发表的迅速增长。他们应用网络分析工具,结果表明国际合作出版的增长可以基于优先依附的组织原则来解释,这一依附机制明显不同于之前有学者所提出幂律分布的合作网络(Newman,2004)。

表 3.3 距离的 CAGE 模型

文化距离	行政距离	地理距离	经济距离
一个国家的文化属性决定了人们如何互动。宗教、社会规范、种族和语言的差异会造成国家之间的距离。	各国共有的历史和政治关联极大地影响了它们之间的贸易。	一个经济体离贸易伙伴越远,在该国开展业务的难度就越大。它还指国家规模、水道和海洋通道以及地形。该属性与运输成本有直接关系。	客户的富裕程度或收入会造成国家之间的距离,并对贸易水平和国家贸易伙伴类型产生显著影响。
产生距离的产品属性			
产品:具有高语言内容(电视);影响消费者(食品)的文化或民族认同;功能在尺寸(汽车)、标准(电器)或包装方面有所不同;带有国家特定的质量协会(葡萄酒)	政府对主要商品(电力)生产商的参与度很高;特别授权(药物)的生产者;大雇主;政府的大型供应商;国家经营(航空航天);对国家安全至关重要(电信);自然资源(石油、采矿)的开发者;承受高沉没成本(基础设施)	产品的重量价值或体积比(水泥)低;产品易碎或易腐烂(玻璃、水果);通信和连接很重要(金融服务);地方监管和运营要求高(多种服务)	需求的性质随收入水平(汽车)而变化;标准化或规模经济很重要(移动电话);劳动力和其他要素成本差异显著(服装);分销或业务系统不同(保险);公司需要反应灵敏(家用电器)

资料来源:Ghermawat,2007。

另外,随着全球化的推进,越来越多的国家创新体系的研究开始关注国际科技合作和国家之间的知识溢出对国家创新能力的影响。一国科技创新能力的提升不仅依赖于国内各类创新主体的行动,还依赖于不同主体在国际层次上的相互作用(刘辉群等,2007;刘云等,2015;邓巍等,2020)。凯多乌里亚等人(Khedhaouria et al.,2017)认为通过国家创新体系的开放性从国际市场吸收知识,借鉴国外先进的科学技术对促进本国创新至关重要。

二、跨国产学研合作

在产、学、研三个创新主体之中,产业界的流动性最高。从目前看,这种流动有三种形式:一是发达国家跨国公司向其他国家的扩展;二是发展中国家企业到发达国家设立研发机构；三是发展中国家到其他发展中国家设立研发机构。

第一种情况最为常见，以发达国家为总部的跨国公司拥有大量专利和创新成果，占据着本产业全球价值链的顶端，具有最为先进的技术和管理经验。通过在全球不同地点设立研发中心或实验室，可以充分借助所在地的人力、科技资源优势，如在本地招募科学研究人员，与当地的大学、研发机构形成合作等，与本地形成不同程度的嵌入式合作。

这种合作对于双方而言均有益处（王展硕、谢伟，2018）。跨国公司在海外设立研发机构，能够让其以更低成本利用全球技术人才，能结合当地的实际应用，加速推出更符合当地情况的产品和服务，扩大市场，增强自身的竞争力。对东道国而言，通过合作可以获得相对发达的国家的技术转移和溢出，同时将本国企业引入全球生产和技术创新价值链之中。

第二种情况是发展中国家跨国企业往发达国家设研发机构。其主要目的无非是想从发达国家引智，进而提升自身的全球竞争力。如中国、印度、以色列的科技企业在美、英、法、加等国设立研发中心，通过雇用发达国家的高级人才，与当地研究机构形成合作关系，获得行业前沿技术和信息。

第三种情况相对较少，因为发展中国家往往缺乏真正具有全球竞争实力的企业和科研机构。此类企业成立研发机构的目的与发达国家的跨国公司相似。其选址取决于其全球战略布局和实力。比如中国科学院在泰国曼谷设立了"曼谷创新合作中心"，是一个以促进国内外联动创新和科技创新成果转移转化为目的的境外机构，有利于促进中国科学院院属企业、科研机构和大学深度融入东盟。华为公司在印度、俄罗斯等均设立了研发机构。印度软件巨头 Infosys 在上海也设有研发中心。随着中国"一带一路"倡议的展开，越来越多的中国科技企业在国外设立研发中心。

跨国公司在别国设立研发机构选址时需要考虑多方面的因素，根据瑟斯比和瑟斯比（Thursby and Thursby，2006）的调研，其重要性从高到低分别包括:(1)靠近高素质的研发人员;(2)贴近客户;(3)与其他公司的研究合作;(4)靠近某所大学;(5)所赞助的大学或其他研究组织研究的可用性;(6)基于互联网搜索技术问题的解决方案;(7)接近竞争对手。

此外,跨国公司还会考虑其他一些基础性条件,如知识产权法律保护、市场开放性、本地基础设施、互补性资源吸引力等。以中国为例,1993年,中国开始允许跨国公司在中国成立控股公司,跨国公司开始以合资或独资的形式进行控股,并逐步实现管理一体化,更加有效地进行资源配置,从而实现投资管理的本地化。

最早在中国设立研发中心的是1994年北方电讯与北京邮电大学合作成立北邮-北电研究开发中心。此后,在1994年到1996年短短两年时间里,有10多个国家和地区在北京、上海、深圳、广州、苏州等地开始设立研发机构,总设立的研发中心数达到34个。1997年,中国出台《鼓励设立中外合作合资研发中心暂行办法》,掀起了境外机构来华设立"研发中心"的热潮。

另外,对欧美等发达国家而言,跨国公司在国外设立研发中心引起了不小的波动。他们担心本身的竞争力因而受到侵蚀。经合组织(OECD,2005)统计,在1995年至2004年的短短10年间,西欧跨国公司在本国以外的研发支出份额从26%增加到44%,日本跨国公司从5%增加到11%,北美跨国公司从23%至32%。

根据联合国贸易和发展会议(UNCTAD)的统计,2020年跨国公司海外研发机构的数量占到其研发机构总量的38.6%。例如,美国跨国公司在发展中国家设立的研发机构支出,从1994年的不足10%上升到2001年接近20%。2000年至2004年,欧洲的跨国公司在海外建立的"研发基地"总数增长了70%,达到310个,设在发展中国家的有134个,其中,中国在4年内从13个增长到67个,增长速度最快。

根据赵景华(赵景华,2006)的总结,跨国公司设立境外机构可以分为四种类别。他们在公司中承担的角色不同,与当地其他机构关系密切度也有区别。有意思的是,纯粹的研发中心型机构与当地的关系反而较为疏离。生产支撑型机构仅仅是以当地廉价劳动力为追求目标,研发方面的合作程度不多。相反,市场寻求型和本地创新型两种类别更有利于跨国研发合作,与当地科研机构或企业合作研发嵌入度较高,合作更为深入,从而有利于知识转移。

表 3.4　跨国公司设立境外机构的不同科研嵌入度

	生产支撑型	市场寻求型	本地创新型	研发中心型
服务对象	东道国市场	东道国市场	东道国或区域市场	全球市场
研发活动类型	产品、工艺的改进与开发	辅助性或专业性研究与开发	专业性研究与开发	基础研究
与跨国公司在当地的其他机构关系	非常密切	密切	一般	几乎没有
与母公司研发部门的直接关系	几乎没有	一般	密切	非常密切
技术层次	低	低	高	较高
子公司产品来源	母公司	当地研发机构	当地研发机构	没有直接关系
科研嵌入度	低	高	较高	低
知识转移程度	一般	高	高	较低或没有

资料来源:赵景华,2006。最后两行为作者增补。

中介机构是推动国际科研合作的关键力量。

以欧盟为例,为了适应技术推进不同地区集群的创新合作与发展,于 1993 年专门推动成立 INNOVA 公司(类似于创新工场),现已成欧洲领先的创新技术咨询私营集团之一。

INNOVA 的主要办事处位于罗马蒂布尔蒂诺科技园(Tecnopolo Tiburtino),在比利时、英格兰、波兰、西班牙和美国设有多个办事处,为高绩效企业提供高质量的专业化管理和创新咨询服务、技术转移、应用研究和种子资金支持。其经营场所通常由办公室、实验室和孵化器组成,打造了一个富于创新和激励的工作环境。

三、科技园区国际合作

全世界的科技园区(或科技产业园区)都是所在国家和地区为了吸引外来人才、知识、技术等创新要素而开辟出的高科技产业园区。其典型样本是美国的硅谷。据不完全统计,全球有70多个以"硅"或"谷"命名的科技产业园区,例如纽约有"硅巷"(silicon alley)、伦敦的"硅环岛"(silicon roundabout)、肯尼亚的 Silicon Savannah、以色列的 Silicon Wadi[①] 等。这其中,最为成功的往往是那些既拥有强大的本地知识基础,又与外地研究人员和思想领袖建立牢固国际联系的集群。

对于发展中国家而言,其知名的产业园区几乎都以全球化为立足点,将吸引国际投资、技术转移、科技合作、海归创业作为其重中之重的工作,如北京中关村和上海的张江就是建立在海归创业的基础上的。2021 年,中关村管委会出台了《关于印发中关村国家自主创新示范区国际化发展指导意见的通知》,其中明确提出"立足首都,放眼全球,全方位加强国际科技创新合作,瞄准国际先进创新区域、优势技术领域、领先产业行业,深化国际交流合作"。

以色列"硅谷"极大地受益于英特尔、IBM、微软等跨国公司在当地的研发投入,使得其成为世界瞩目的科创中心之一。2010 年,该地有超过35 000 名员工在这些跨国公司研发中心工作。近年来,东亚跨国公司和投资者,尤其是来自中国大陆的投资者,积极在以色列投资和开设办事处,其中包括阿里巴巴、百度、光启等。有大约 60 个国外研发中心从事生物技术、化工、工业机械、通讯设备、科学仪器、医疗设备、闪存存储设备、计算机硬件

---

① 后两个均为本地语"硅谷"之意,在此不译。

组件、软件、半导体和互联网等各种活动。以色列在纳斯达克证券交易所上市公司的数量仅次于美国和中国。

科技园区国际合作不仅仅是指国际企业的入驻,同时还有科技园区全方位运营的国际合作。

在"一带一路"倡议框架中,中国与沿线各国共建了多个科技园区,如与印度尼西亚共建青山工业园、与白俄罗斯合作中白工业园、与泰国合作泰中罗勇工业园等,以上合作均在不同程度上取得了良好的经济和社会效益。

以中白工业园为例,这个科技园区于 2015 年 3 月全面启动,到 2020 年底,建成一期约 8.5 平方千米,实现"七通一平",共有入园居民企业 68 家,协议投资额超过 11 亿美元。主要涉及的产业包括机械制造、电子通信、研发、新材料、大数据存储与处理、生物技术和物流等(刘志高等,2021)。中白工业园的管理体制是参照苏州的中新工业园区的经验,专门成立中白工业园区开发股份有限公司(中方占股 68%),中国国机集团和招商局集团共同参与,为白方提供管理经验,园区规划,发展战略,招商引资等。在国资委的支持下,中国 9 家央企于 2017 年 8 月设立中白产业投资基金(总额达5.85 亿美元)。基于白俄罗斯的实际情况,招商局集团吸引德国杜伊斯堡港务集团,积极嵌入以中欧班列为代表的物流网络中,提高了园区与中国和欧洲的联系。

在欧盟,下一代社会集群倡议,包括欧洲 INNOVA、知识区域(Regions of Knowledge)和欧洲领土合作,将以相辅相成的方式促进欧盟的集群合作,并有助于在欧洲创建更多的世界级集群,特别是在具有高创新潜力的领域,例如由领先市场倡议支持的领域和其他领域。欧盟推动科技园区或集群的措施称为"智能专业化战略"(Smart Specialisation Strategy,简称"3S"),鼓励成员国各专业集群突出其专业化和本土化的特征,实现错位竞争。这些新的集群伙伴关系开发和测试的成功和适当的工具和工具将被尽可能广泛地整合和利用到新的欧洲企业网络中。

第三节　政府间科创合作

政府间科创合作通常是各方总体合作协议的一部分,与两国外交和经贸关系有着直接而密切的关系。政府间合作协议是其他主体开展合作的前提和基础,有学者将其比喻成一种"海绵",可以吸收各方资源,以便未来的释放,构成国际科创合作网络的整体社会资本,可以提升科研机构和科学家合作的信任度(Leung,2013)。这种合作协议有三种形式:(1)双边合作;(2)多边和区域合作;(3)专题合作。

双边合作是两国政府一对一签订科技合作协议,如中国与各国单独签署的科研合作协议。

多边和区域合作是区域经济体采取联合谈判的方式,在区域内或与第三方达成一揽子合作计划。例如欧盟、东盟内部的科技合作,以及他们与中国、印度等第三方国家开展合作谈判。

专题合作则是指涉及全人类所关心的重大议题,如空间、气候、核能利用、人类基因组计划等,由于各国政府出资,本国科学家共同参与的研究合作计划。例如欧盟、美国和加拿大 2013 年签署《戈尔韦宣言》,组建了跨大西洋和北极研究联盟。

改革开放以来,中国陆续与世界各国建立了科技合作关系,最初主要是与发达国家。"一带一路"倡议提出之后,对外科技合作进入到一个新阶段,即中国多年积累科技潜力开始对外释放和转移,形成国际科技影响力。截至2021 年 6 月,中国已经和 161 个国家和地区建立科技合作关系,签订了 114 个《政府间科技合作协定》。其中,与共建"一带一路"国家签署的《政府间科技合作协定》达到 84 个,为"一带一路"科技创新合作奠定了重要的制度基础。①

---

① https://www.imsilkroad.com/news/p/455899.html,访问时间:2023 年 6 月 9 日。

　　不仅如此,政府出面为国外学生提供奖学金的情况,也可以算是科技人文交流方面的重要部分。例如中国设立了"丝绸之路"中国政府奖学金项目,与 24 个沿线国家签署高等教育学历学位互认协议。仅 2017 年,沿线国家有 3.87 万人接受中国政府奖学金来华留学,占奖学金生总数的 66.0%。作为中国科研的代表性机构,中国科学院在沿线国家设立硕士、博士生奖学金和科技培训班,已培训 5 000 人次。

表 3.5　金砖国家国际科技合作情况汇总

金砖国家	概　　述
中国	1949 年新中国成立伊始,中苏两国即签署了科技合作协定。双边科技合作为中国现代工业基础的建立和发展作出了贡献。但随着中苏关系破裂,科技合作亦被终止。1992 年,中俄签署科技合作协议。 改革开放之初,中国先后与法、德、英、美、日等科技强国签订科技合作协议。1998 年 12 月,中国与欧盟签署《中欧科技合作协定》。中美科技合作是两国对外科合作规模最大、项目最多的合作计划之一。 截至 2021 年 6 月,中国已经和 161 个国家和地区建立科技合作关系,签订了 114 个《政府间科技合作协定》。
印度	印美科技合作在 20 世纪 60 年代开始农业领域合作,1987 年美国和印度签署"卢比基金协议"。 目前印度与 83 个国家签订了双边科合作协议,根据印度科技部国际合作司,最重要的双边科技合作中心是印法、印美和印德科技合作中心。 印度参与的各大区域性组织科技合作包括欧盟、东盟、金砖国家、印巴南非三国对话论坛(IBSA)、南盟、环孟加拉湾多领域经济技术合作倡议(BIMSTEC)、亚欧会议、东亚峰会。 印度与联合国等国际组织的科技合作,如印度与不结盟运动科技中心、UNESCO-TWAS-ICTP(世界教科文组织的世界科学院)、联合国科技发展委员会(UNCSTD)、OECD、环印度洋区域合作协会(IOR-ARC)、二十国集团的科技合作。 在主题合作下,印度参与了国际太阳能联盟、国际艾滋病疫苗倡议、激光干涉引力波天文台(LIGO)等合作行动。
巴西	巴西签署了 40 多项关于科学、技术和创新合作的双边协议。 20 世纪 50 年代,成立国家科学技术发展委员会(CNPq)、高等教育人才培养协调会(CAPES)、纯粹与应用数学研究所(IMPA)、国家核能委员会(CNEN)和航空技术研究所(ITA)。主要合作国家包括美国、法国和德国。 国家科学、技术和创新战略(ENCTI 2016—2022)是该国科学、技术和创新活动的框架。

续　表

金砖国家	概　述
南非	南非与全球 63 个国家签署了科技合作协议,由科学与创新部负责对外合作事宜。 重视与欧盟的科技合作。1996 年与欧盟签订科技合作协议,推出欧盟-南非科技促进计划(ESASTAP)系列(ESASTAP、ESASTAP-2 和 ESASTAP＋)成功地为双边合作提供了支持。 2015 年签署的 ESASTAP2020 项目是一项协调和支持行动,旨在进一步推进欧盟-南非双边 STI 合作,开展了联合研究项目,共享研究基础设施,与特定工业部门合作研究、开发和创新以提高经济竞争力,并试点 STI 项目以实现包容性发展。 1995 年与美国签订合作协议,与美国气象局、NASA 和 GEO 有项目上的合作。

注:俄罗斯对外科合合作情况因最新国际形势变化受冲击很大,在此不讨论。

根据联合国教科文组织的国际科技创新政策工具观察网的统计,目前共有约 244 个国际科技合作促进组织,涉及地球和太空的探索和开发、环境、交通、电信和其他基础设施、健康、农业等多个方面[①]。这其中,联合国下设各机构,如世界卫生组织、世界粮农组织、欧盟等国际组织在推动国际科研合作中发挥了重要作用,它们所推出一系列跨国合作计划,对于各国科技预算有着直接而重要的影响。

欧盟是国际科创合作最为积极的国际组织。在推动国际科技创新体系方面,其主要旗舰项目是"地平线 2020"(Horizon 2020)计划,用于落实创新联盟和欧洲创新区战略。这一计划于 2014 年推出,执行期为 2014—2020 年,到 2020 年为新计划"地平线欧洲 2021—2027"(Horizon Europe for 2021—2027)所代替。

"地平线 2020"的总预算为 9 600 亿欧元,包括智能与包容性增长(47.0％)、可持续增长(38.9％)、安全与公民身份(1.7％)、全球化(6.0％)和行政管理(6.4％)五个方面,这些资金几乎全都可以算作跨国科创合作的范

---

① https://gospin.unesco.org/frontend/international-orgs/init.php,访问时间:2023 年 6 月 9 日。

畴。不仅如此,它们仍只是冰山一角。根据 2017 年中期评估报告,在各类项目中,"地平线 2020"中公私合作项目国际参与度相对较高,第三国在欧盟科研区(ERA-NET)中的参与份额约为 5%。欧洲和发展中国家临床试验合作伙伴关系中,有 14 个非洲国家参与其中。2014—2015 年期间,投资约 1.14 亿欧元于健康相关的项目,利用来自第三国资金约为 5.32 亿欧元。在与气候行动和环境相关的活动,例如"贝尔蒙论坛"、地球观测组织(GEO)和政府间气候变化专门委员会(IPCC),这些项目中,美国、加拿大等重要科技大国的政府均有专项资金投入。

第四章
"一带一路"国家创新体系评估

　　"一带一路"倡议提出之后,中国前所未有地加强了与沿线国家的经贸、科技、人文交流等方面的合作。不到十年内签订了 100 多个国际科创合作协议。目前主要的合作形式包括科学人才交流、联合实验室、区域技术转移平台建设和科技园区共建四个方面。①相比于经贸的发展,科创合作的发展显然相对迟缓。

　　这其中的原因可能在于以下几个原因。首先,相当比例的"一带一路"国家经济基础比较薄弱,相互之间的国际贸易不够密切。而贸易往来是科创合作一个重要前提和基础。其次,就科创而言,很多国家的科技投入非常低(科创投入占 GDP 比重),并不具备开展实质性国际科技合作的基础。与此类国家的科创合作主要偏向于技术转移或新产品创新应用方面。此外,由于历史的原因,在科研合作方面,这些国家(如中东、东南亚)更多地依赖于非"一带一路"的欧美发达国家。

　　而从创新体系的角度看,一般以国家为单位来组建(Lundvall,2007)。要实现国家之间的科创合作,必须让创新体系跨越国家边界,这使其变得更加复杂和难以管理,这或许是国家之间建立科创合作的另一个难点所在。

　　为了更好地理解"一带一路"国家的科创合作,需要对其科创发展现状

---

① 科技部介绍"一带一路"科技创新行动计划建设进展,https://www.yidaiyilu.gov.cn/xwzx/bwdt/82231.htm,访问时间:2023 年 6 月 9 日。

有一个相对科学的评估,本章拟基于现有不同国际组织和研究机构的评估方法,开发一个适合此类国家的评估体系,进行横向对比。在此基础上形成中国对外科创合作的不同策略。

第一节 现有科创评估框架

国家科创合作离不开合作各方的科创基础。不同国家处于不同的发展阶段,从而表现出不同的科创能力。这需要有一个对于各国科创能力进行评估的监测和框架体系。通过持续的监测,可以发现自身存在的优劣势及合作机会。

现有对国家科创能力评估框架基本上源于哈佛教授迈克尔·波特所提出国家竞争优势理论(Porter, 1990)。这一理论强调国家发展遵循一个从要素驱动到效率驱动,进而实现创新驱动的过程。在不同发展阶段,国家竞争力的重心和表现不一样。

在要素驱动阶段,国家根据其要素禀赋进行竞争,主要是非熟练劳动力和自然资源。企业则以价格为基础进行竞争并销售基本产品或商品,展现为低工资基础的低生产率。到了效率驱动阶段,工资逐渐上升,各国必须努力开发更高效的生产作业流程和产品质量,从而其竞争力越来越受到人员素质、成熟的金融市场和现有技术优势的影响。而随着国家进入创新驱动阶段,只有当本国的企业(具体地说,是产业集群)能够以新的和独特的产品参与全球竞争时,他们才能维持更高的工资和相关的生活水平。在此高级阶段,企业必须通过创新来竞争,使用最复杂的生产工艺生产新的和不同的产品。

总体而言,基于波特的钻石模型,国家竞争力主要源于微观层面的企业要素和商业环境,其余源于资源禀赋和宏观环境,包括政治、进出口、法律和社会环境。波特(Porter,2007)将二者关系对应如图 4.1 所示。正是基于此,世界经济论坛国家竞争力模型包括了国家竞争力的 12 个支柱(Porter and Schwab,2008)。

图 4.1 波特国家竞争力评估基础框架

世界知识产权组织(WIPO)与英士商学院(INSEAD)合作推出的"全球创新指数"则从创新投入、创新产出,以及在此基础上计算创新效率。其中创新投入方面包括五个维度:(1)机构;(2)人力资本和研究;(3)基础设施;(4)市场成熟度;以及(5)业务成熟度。创新产出包含两个维度:(6)科学产出和(7)创意产出。这一指数发展至今,已经成为判断各国创新能力方面最具影响力的报告之一。

欧盟每年对各成员国创新能力的评估体系称为"欧洲创新记分牌"(European Innovation Scoreboard)于 2001 年推出,一直持续至今,是国家创新方面另一个具有影响力的指标体系之一。在其最新版本(2021 年)中,包含了四个模块:框架条件、投资、创新活动和影响,使用了 32 项指标来衡量(见表 4.1)。这一指标体系主要面向欧盟(EU)成员国,根据得分将其区分为四个等级:创新领导国、强大创新国、中等创新国和普通创新国。同时选择少数国家,如美国、中国、印度和巴西等十多国作为国际横向比较。

从数据来源看,这一评分体系不仅有各国相对客观的数据,同时借助于欧盟定期开展的创新社区调查(Innovation Community Survey),收集了大量企业创新活动的数据。

表 4.1 欧盟创新记分卡指标构成

模 块	二级指标	三级指标	
框架条件	人力资源	1.1.1	理工科新博士毕业生
		1.1.2	25—34 岁受过高等教育的人口
		1.1.3	终身学习
	研究体系	1.2.1	国际科学合作出版物
		1.2.2	前 10% 引用最多的出版物
		1.2.3	外国博士生
	数字化	1.3.1	宽带渗透
		1.3.2	拥有基本数字技能以上的个人
投资	金融支持	2.1.1	公共部门的研发支出
		2.1.2	风险资本支出
		2.1.3	政府对企业研发的直接税务支持
	企业投资	2.2.1	商业领域的研发支出
		2.2.2	非研发创新支出
		2.2.3	创新企业人均创新支出
	IT 使用	2.3.1	提供 ICT 培训和企业
		2.3.2	ICT 专业人员数量
创新活动	创新者	3.1.1	有产品或工艺创新的中小企业
		3.1.2	具有营销或组织创新的中小企业
	联系	3.2.1	与他人合作的创新型中小企业
		3.2.2	公私合作出版
		3.2.3	公共研发支出的私人联合资助
	智力资产	3.3.1	PCT 专利申请
		3.3.2	商标申请
		3.3.3	设计申请
影响	就业	4.1.1	知识密集型活动的就业
		4.1.2	创新产业高成长型企业的就业

续　表

模　块	二级指标	三级指标
影响	销售	4.2.1　中高技术产品出口 4.2.2　知识密集型服务出口 4.2.3　产品创新的销售
	可持续	4.3.1　资源生产率 4.3.2　工业中细颗粒物 PM2.5 空气排放 4.3.3　环境相关技术开发

资料来源:EU DESI 2021。

　　经合组织、欧盟、世界银行等国际组织都曾对各国的科创体系进行评估。经合组织先后对中国、东南亚、以色列等国的科创体系进行个案评估(涉及国家创新报告见表 4.2)。此类评估报告通常涉及一国的科创主体、科创网络、框架条件等多个方面,较为全面。

表 4.2　国际组织对"一带一路"国家科创政策评估汇总

国　家	评估内容	年　份	国际机构
中　国	整体科创体系评估	2008	经合组织
匈牙利	创新体系评估	2008	经合组织
俄罗斯	创新体系评估	2011	经合组织
斯洛文尼亚	创新体系评估	2012	经合组织
东南亚六国	新加坡、越南、柬埔寨、马来西亚、泰国、印度尼西亚整体科创政策	2013	经合组织
克罗地亚	科创政策评估	2014	经合组织
越　南	整体科创体系评估	2014	经合组织和世界银行
韩　国	产业和技术政策	2014	经合组织
马来西亚	科创政策评估	2016	经合组织
以色列	中小企业和创业政策	2016	经合组织
立陶宛	科创政策评估	2016	经合组织
哈萨克斯坦	科创政策评估	2017	经合组织
科威特	科创政策评估	2021	经合组织

《经济学人》智库指数于2010年推出一个"全球创新指数",主要根据创新投入和创新产出组成的模型对41个国家/地区进行排名。创新投入通过直接创新投入和创新环境(见表4.3)来衡量。创新产出由单一指标衡量,即欧洲、日本和美国专利局(分别为 EPO、JPO 和 USPTO)授予的专利总和。

表4.3 《经济学人》全球创新指数——创新投入指标构成

直接创新投入(0.75 权重)	创新环境(0.25 权重)
研发(R&D)占国内生产总值(GDP)的百分比	政治环境
本地研究基础设施的质量	市场机会
劳动力教育	自由企业和竞争政策
劳动力的技术技能	对外投资政策
信息技术(IT)和通信基础设施的质量	对外贸易和外汇管制
宽带渗透率	税收
	融资
	劳动力市场
	基础设施

波士顿咨询集团/全国制造商协会指数(BCG/NAM)国际创新指数建立于2009年,旨在建立美国各州和国家之间的排名。BCG/NAM 指数包含两个主要模块:创新投入和创新绩效。创新投入从三个方面来衡量:财政政策、其他政策和创新环境。创新绩效通过研发成果、业务绩效和创新的公共影响来衡量。BCG/NAM 指数的重点是特别是制造业的业务表现,所使用的大部分数据是通过调查和访谈产生的。

第二节 评估方法

借鉴上述各类评估体系,本章认为,科技创新需要有直接的投入,同时更需要有良好的创新环境,在此基础上才能有强大的实力,对外展现出产出。因此,本书按科技创新投入、科技创新环境和科技创新产出三个支柱对"一带一路"国家科创基础进行评估。

第一个支柱,"科技创新投入"分为国内科技投入和外部投入两大类,前者反映国内的各类资金投入强度,后者反映外国投资情况,对于"一带一路"多数国家而言,外国直接投资能够带来的不仅仅是资金,其产生知识溢出效应可以明显提升本地科创水平。

第二个支柱,"科创环境"可以纳入经合组织(OECD,1999)所提出"框架性条件"(framework conditions)的一部分,也是欧盟创新记分牌的重要维度。本书将其分为人才环境、经营环境、市场活力和基础设施四个方面。需要特别说明的是市场活力指标,对于科技创新活动而言,竞争是最重要的促进因素,而企业数量和对品牌的重视,无疑会促进竞争,带来更多的就业机会,从而推动创新。

第三个支柱,"科创产出"反映一国的科创产出,是科创实力对外的体现,它包括科研实力、创新实力两个方面。

在这一框架的基础上,明确三级指标及其权重如表 4.4 所示。在权重的设置方面,考虑到不同指标各有其重要性,原则上采用平均分配的原则。

表 4.4　国家科创发展指数评估体系

指标	二级指标	三级指标	权重	说　明	数据来源
科创投入 30%	国内科技投入 80%	教育预算占比	25%	教育经费占 GDP 比重	联合国教科文组织
		研发强度	25%	研发投入占 GDP 比重	世界银行
		研发人员密度	25%	每百万人中研究人员人数	世界银行
		知识工作人员密度	25%	每千人中知识工作人员	世界银行
	外部投入 20%	FDI 总量	100%	绝对数和占 GDP 比重各占 50% 权重	世界银行

续 表

指标	二级指标	三级指标	权重	说 明	数据来源
科创环境 30%	人才环境 40%	中学入学率	50%	相对指标	联合国教科文组织
		大学入学率	50%	相对指标	联合国教科文组织
	经营环境 60%	开业所需时间	20%	按天计算,越短越好	世界银行
		私人企业受信容易度	20%		世界银行
		企业税负水平	20%	税率,越低越好	世界银行
		电力获得容易度	20%		世界银行
		移动电话普及率	20%	相对指标	ITU
科创产出 40%	科研实力 25%	科学论文数量	50%	绝对值和占 GDP 比重各占 50%比重	世界银行
		高校实力	50%		QS 排名
	创新实力 30%	人均专利申请	40%	包括居民和非居民之和,绝对值和占 GDP 比重各占 50%	WIPO,居民与非居民之和
		知识产权收入	30%	包括居民和非居民之和,绝对值和占 GDP 比重各占 50%	WIPO
		人均工业设计申请	30%	包括居民和非居民之和,绝对值和占 GDP 比重各占 50%	WIPO,居民与非居民之和
		商标申请	50%	绝对值和占千人数比重各占 50%	WIPO
	市场活力 25%	新企业注册	50%	新注册的企业是在日历年注册的新有限责任公司的数量。绝对值和占千人数比重各占 50%	世界银行
	国际竞争力 20%	高科技出口	100%	高技术出口是指研发强度高的产品,如航空航天、计算机、医药、科学仪器、电机等,绝对值和占 GDP 比重相对值各占 50%比重	世界银行

出现三项指标的情况,采用 3∶3∶4 的比例,对其中相对重要的指标赋以略高的权重。

由于原始数据单位不同,需要进行统一量纲。因此,本章采用七分制的计分方法,将各项指标按五分位分配成六组,对于其中的异常值(高或低),赋予其 7 分或 1 分。基于以上权重对其汇总,得到各国最终的科创发展指数(STII)计算公式为:

$$STII_i = Input_i * 0.3 + Env_i * 0.3 + Output_i * 0.4$$

其中:$Input$ 为科创投入得分;Env 为科创环境得分;$Output$ 科创产出得分;i 表示特定国家。

基于世界银行的国民收入分类标准,将国家分为四个组别。2020 年四个组别人均国民收入的门槛分别是:

(1) 低收入:不到 1 036 美元;

(2) 中等偏下收入:1 036 美元到 4 045 美元;

(3) 中等偏上收入:4 046 美元到 12 535 美元;

(4) 高收入:高于 12 535 美元。

根据这一分类标准,本书所分析的 48 个国家只有后面三组,没有低收入国家。

基于本书提出的分析框架,得到以下结果。

第三节　总体得分情况

按"一带一路"国家科创发展指数从高到低的顺序,如表 4.5 所示。可以发现新加坡、韩国和以色列的科技发展指标处于前三,中国排名第五。

表 4.5 "一带一路"国家科创发展指数总体得分

国　家	科创投入	科创环境	科创产出	科创发展指数	国　家	科创投入	科创环境	科创产出	科创发展指数
新加坡	5.30	6.04	5.56	5.63	斯洛伐克	3.60	3.44	3.32	3.44
韩　国	5.40	5.68	5.56	5.55	罗马尼亚	3.20	3.44	3.61	3.44
以色列	6.30	4.52	4.19	4.92	白俄罗斯	3.50	3.88	2.89	3.37
俄罗斯	4.80	4.72	4.32	4.58	塞尔维亚	3.30	4.08	2.84	3.35
中　国	3.20	4.24	5.78	4.54	伊　朗	2.80	3.52	3.48	3.29
爱沙尼亚	5.10	4.92	3.52	4.41	黑　山	3.70	4.12	2.28	3.26
斯洛文尼亚	5.00	5.04	3.32	4.34	印度尼西亚	2.60	3.72	3.31	3.22
匈牙利	5.30	3.84	3.85	4.28	科威特	2.30	4.96	2.53	3.19
土耳其	3.60	5.24	4.00	4.25	菲律宾	2.50	3.60	3.34	3.16
捷　克	4.70	3.92	4.16	4.25	印　度	2.70	2.60	3.86	3.13
阿联酋	4.10	5.64	3.28	4.23	蒙　古	2.80	4.44	2.27	3.08
马来西亚	3.70	4.32	4.54	4.22	卡塔尔	2.00	4.88	2.49	3.06
波　兰	4.60	4.12	3.80	4.13	摩尔多瓦	3.70	3.36	2.15	2.98
泰　国	2.90	5.40	4.09	4.13	埃　及	3.10	3.12	2.71	2.95
立陶宛	4.10	4.60	3.29	3.93	巴　林	2.00	4.12	2.51	2.84
越　南	3.30	4.20	3.81	3.78	亚美尼亚	2.00	4.52	2.19	2.83
克罗地亚	3.70	4.64	3.17	3.77	阿塞拜疆	2.20	3.92	2.09	2.67
乌克兰	4.20	3.80	3.41	3.76	乌兹别克斯坦	2.70	3.60	1.84	2.63
保加利亚	3.90	4.04	2.95	3.56	波　黑	2.00	3.48	2.40	2.60
沙特阿拉伯	2.90	4.92	3.01	3.55	吉尔吉斯斯坦	2.70	3.68	1.64	2.57
格鲁吉亚	3.20	5.24	2.45	3.51	巴基斯坦	2.30	2.16	2.80	2.46
哈萨克斯坦	2.40	5.08	3.11	3.49	斯里兰卡	1.90	3.32	2.17	2.43
阿　曼	3.30	4.96	2.50	3.48	塔吉克斯坦	2.40	3.00	1.09	2.06
拉脱维亚	4.00	3.56	2.94	3.44	伊拉克	1.20	2.32	2.05	1.88

第四节　分项情况

一、科创投入情况分析

科创投入与国家经济实力密切相关,经济越发达,在科研投入方面更加慷慨,反之亦然。以色列、韩国和新加坡排名前三。但是这其中也有特例,例如少数中东国家如巴林、卡塔尔、科威特和沙特阿拉伯虽然是高收入国家,但是它们在科技投入方面明显处于后列。这当然与其"资源依赖型"经济发展模式密切相关。与之形成鲜明对比的是俄罗斯、乌克兰和保加利亚等国,虽然人均国民收入不算高,但其在国内科技投入方面排名较为靠前。

表 4.6 "一带一路"国家科创投入指标得分

国　　家	国家组别	教育支出占GDP比	研发投入强度	研发人员密度	知识工作人员	国内科技投入	FDI总量	外部投入	科创投入
以色列	3	7	7	7	6	6.75	4.5	4.5	6.3
韩　国	3	5	7	7	5	6	3	3	5.4
新加坡	3	2	5	6	7	5	6.5	6.5	5.3
匈牙利	3	6	5	4	5	5	6.5	6.5	5.3
爱沙尼亚	3	6	5	5	6	5.5	3.5	3.5	5.1
斯洛文尼亚	3	6	5	5	5	5.5	3	3	5
俄罗斯	2	6	4	4	6	5	4	4	4.8
捷　克	3	4	5	5	5	4.75	4.5	4.5	4.7
波　兰	3	6	4	4	5	4.75	4	4	4.6
乌克兰	1	7	2	3	5	4.25	4	4	4.2
阿联酋	3	3	4	4	5	4	4.5	4.5	4.1
立陶宛	3	4	4	4	6	4.5	2.5	2.5	4.1
拉脱维亚	3	5	3	3	6	4.25	3	3	4
保加利亚	2	5	3	4	4	4	3.5	3.5	3.9
马来西亚	2	5	3	4	3	3.75	3.5	3.5	3.7
克罗地亚	3	4	4	3	5	4	2.5	2.5	3.7
黑　山	2	6	2	3	5	4	2.5	2.5	3.7
摩尔多瓦	2	7	2	3	4	4	2.5	2.5	3.7
土耳其	2	5	4	3	3	3.75	3	3	3.6
斯洛伐克	3	4	3	4	4	3.75	3	3	3.6
白俄罗斯	2	6	3	1	5	3.75	2.5	2.5	3.5
越　南	1	5	2	3	2	3	4.5	4.5	3.3
塞尔维亚	2	4	3	3	3	3.25	3.5	3.5	3.3

续　表

国　　家	国家组别	教育支出占GDP比	研发投入强度	研发人员密度	知识工作人员	国内科技投入	FDI总量	外部投入	科创投入
阿　曼	3	7	2	2	2	3.25	3.5	3.5	3.3
中　国	2	3	5	3	1	3	4	4	3.2
罗马尼亚	2	3	3	3	3	3	4	4	3.2
格鲁吉亚	2	4	2	3	4	3.25	3	3	3.2
埃　及	1	4	3	2	2	3	3.5	3.5	3.1
泰　国	2	3	4	3	2	3	2.5	2.5	2.9
沙特阿拉伯	3	7	3	1	1	3	2.5	2.5	2.9
伊　朗	1	5	2	3	2	3	2	2	2.8
蒙　古	1	5	1	1	3	2.5	4	4	2.8
印　度	1	3	3	2	2	2.5	3.5	3.5	2.7
乌兹别克斯坦	1	6	1	2	1	2.5	3.5	3.5	2.7
吉尔吉斯斯坦	1	7	1	1	2	2.75	2.5	2.5	2.7
印度尼西亚	1	3	2	2	2	2.25	4	4	2.6
菲律宾	1	3	1	2	3	2.25	3.5	3.5	2.5
哈萨克斯坦	2	2	1	2	4	2.25	3	3	2.4
塔吉克斯坦	1	7	1	1	1	2.5	2	2	2.4
巴基斯坦	1	3	2	2	2	2.25	2.5	2.5	2.3
科威特	3	4	1	2	3	2.5	1.5	1.5	2.3
阿塞拜疆	2	2	2	1	3	2	3	3	2.2
巴　林	3	2	1	2	3	2	2	2	2
卡塔尔	3	2	3	2	2	2.25	1	1	2
波　黑	2	1	2	2	3	2	2	2	2
亚美尼亚	2	2	2	1	3	2	2	2	2
斯里兰卡	1	2	1	2	3	2	1.5	1.5	1.9
伊拉克	2	1	1	2	1	1.25	1	1	1.2

注:国家组别:1指中等偏下收入国家;2指中等偏上收入国家;3指高收入国家。

二、科创环境情况分析

科技创新需要良好的发展环境,这种环境体现在多个方面。本章选择基础设施、人才、市场和资金四个方面应能促进创新要素的聚集和交流互动。

基础设施主要选择在电力和数字基础设施两个方面。根据国际电信联盟(ITU，2021)最新的统计数据，全球平均移动宽带渗透率已达108％。①对于很多发达国家而言，电力连接不是太大的问题，但是对于"一带一路"沿线的很多国家的偏僻区域而言，电力的接入仍然具有重要的意义。

人才方面主要面向中学和大学教育普及率。中学毕业对于商业创新创业而言已经足够，但是对于高科技产业，则往往需要大学学历。

表4.7 "一带一路"国家科创环境指标排名

国　家	中学入学率	大学入学率	人才环境	开业所需时间	私企获信容易度	企业税负水平	电力获得容易度	移动电话普及率	经营环境	科创环境
新加坡	6	5	5.5	7	7	6	6	6	6.4	6.04
韩　国	5	6	5.5	4	7	5	7	6	5.8	5.68
阿联酋	6	3	4.5	6	5	7	7	7	6.4	5.64
泰　国	7	2	4.5	5	7	6	5	7	6	5.4
土耳其	6	7	6.5	5	5	3	5	4	4.4	5.24
格鲁吉亚	6	4	5	7	4	7	4	5	5.4	5.24
哈萨克斯坦	7	4	5.5	6	2	6	4	6	4.8	5.08
斯洛文尼亚	7	5	6	4	3	5	5	5	4.4	5.04
阿　曼	6	2	4	6	5	6	5	6	5.6	4.96
科威特	5	3	4	3	6	7	5	6	5.6	4.96
爱沙尼亚	7	5	6	6	4	2	3	6	4.2	4.92
沙特阿拉伯	7	5	6	3	1	7	5	5	4.2	4.92
卡塔尔	6	1	3.5	4	7	7	5	6	5.8	4.88
俄罗斯	6	5	5.5	3	4	2	5	7	4.2	4.72
克罗地亚	6	4	5	3	4	6	4	5	4.4	4.64
立陶宛	6	5	5.5	5	2	3	3	7	4	4.6
亚美尼亚	4	3	3.5	6	5	6	4	5	5.2	4.52
以色列	6	4	5	3	4	6	2	6	4.2	4.52
蒙　古	5	4	4.5	3	3	6	4	6	4.4	4.44
马来西亚	4	2	3	3	7	4	6	6	5.2	4.32

① https://www.itu.int/hub/publication/d-ind-ictmdd-2022/，访问时间：2023年6月9日。

续　表

国　家	中学入学率	大学入学率	人才环境	开业所需时间	私企获信容易度	企业税负水平	电力获得容易度	移动电话普及率	经营环境	科创环境
中　国	5	3	4	4	7	1	5	5	4.4	4.24
越　南	5	1	3	3	7	4	5	6	5	4.2
波　兰	7	4	5.5	2	3	3	2	6	3.2	4.12
黑　山	5	3	4	3	3	6	2	7	4.2	4.12
巴　林	5	3	4	4	1	7	4	5	4.2	4.12
塞尔维亚	5	4	4.5	5	3	4	2	5	3.8	4.08
保加利亚	5	5	5	2	3	6	1	5	3.4	4.04
捷　克	6	4	5	2	3	2	4	5	3.2	3.92
阿塞拜疆	5	2	3.5	6	2	3	5	5	4.2	3.92
白俄罗斯	6	5	5.5	4	2	1	2	5	2.8	3.88
匈牙利	6	3	4.5	5	2	4	1	5	3.4	3.84
乌克兰	5	5	5	5	2	2	1	5	3	3.8
印度尼西亚	4	2	3	3	2	5	5	6	4.2	3.72
吉尔吉斯斯坦	5	2	3.5	3	2	6	2	6	3.8	3.68
乌兹别克斯坦	5	1	3	6	2	5	3	4	4	3.6
菲律宾	4	2	3	2	3	3	5	7	4	3.6
拉脱维亚	6	1	3.5	5	2	4	2	5	3.6	3.56
伊　朗	4	4	4	1	1	3	4	7	3.2	3.52
波　黑	4	2	3	1	3	6	4	5	3.8	3.48
斯洛伐克	5	2	3.5	2	4	2	3	6	3.4	3.44
罗马尼亚	4	3	3.5	2	2	2	3	6	3.4	3.44
摩尔多瓦	4	2	3	6	2	4	3	3	3.6	3.36
斯里兰卡	6	1	3.5	4	3	1	2	6	3.2	3.32
埃　及	4	2	3	3	2	3	4	4	3.2	3.12
塔吉克斯坦	4	2	3	5	1	1	3	5	3	3
印　度	3	1	2	3	1	5	4	4	3	2.6
伊拉克	1	1	1	2	1	5	4	4	3.2	2.32
巴基斯坦	2	1	1.5	3	1	5	2	2	2.6	2.16

三、科创产出情况分析

在科创产出分指标上,本书将其分为科研实力、创新实力、市场活力和国际竞争力。其中科研实力反映在科技论文数量和高校排名方面。创新实力包括专利、知识产权收入、工业设计申请。本书选择商标和新企业数量体现各国市场活力,并提出商标和新企业数量,商标的增加表明企业重视其产品的独特性,而新创企业会带来更多的工作机会,考夫曼基金会 2014 年的一份报告发现,1988—2011 年,几乎所有的新工作都来自成立时间短于五年的公司,"老公司只会削减就业机会,每年共有 100 万个就业机会从这些公司蒸发。与此相反,新公司在成立的第一年内平均提供 3 万个工作机会"①国际竞争力在此用高科技出口代表。

结果如表 4.8 所示。

由表可知,中国在产出指标表现排第一,其中科研产出和市场活力两项子指标均位列第一,在创新实力和国际竞争力两项指标略输于其他几个科创强国。这利益于中国近年加强科研投入,鼓励研究人员到顶级期刊发表文章,以及对自主知识产权的重视。综合其绝对数和相对数,达到了"一带一路"国家阵营的较高水平。

而受到数字技术的激发,随着中国创业创新水平的不断提升,企业家精神得到培育,涌现了一大批独角兽,中国的商标数量和新企业数量也有了显著的提升,这促成了中国经济的持续繁荣。

---

① 〔美〕皮埃罗·斯加鲁菲:《智能的本质:人工智能与机器人领域的 64 个大问题》,任莉、张建宇译,人民邮电出版社 2017 年版。

表 4.8 "一带一路"国家科创产出指标排名

国家	科技论文数量	高校排名	科研实力	专利申请	知识产权收入	居民工业设计申请	创新实力	商标数量	新企业数量	市场活力	高科技出口	国际竞争力	科创产出
中国	5	7	6	6	5.5	6.5	6	7	4	5.5	5.5	5.5	5.78
新加坡	5.5	5	5.25	5.5	7	5.5	5.95	4	4.5	4.25	7	7	5.56
韩国	5	6	5.5	6.5	5.5	6.5	6.2	5	4	4.5	6	6	5.56
马来西亚	4	6	5	4	4	3.5	3.85	3.5	4	3.75	6	6	4.54
俄罗斯	4.5	6	5.25	4.5	4.5	4	4.35	3	5	4	3.5	3.5	4.32
以色列	4.5	5	4.75	4.5	5	4	4.5	3	3	3	4.5	4.5	4.19
捷克	4.5	5	4.75	3	4.5	4	3.75	2	4	3	5.5	5.5	4.16
泰国	3.5	5	4.25	4	3.5	4	3.85	3	4	3.5	5	5	4.09
土耳其	4	5	4.5	3.5	3.5	6	4.25	4.5	3.5	4	3	3	4.00
印度	4	6	5	3.5	4	3.5	3.65	3	3.5	3.25	3.5	3.5	3.86
匈牙利	3.5	4	3.75	2.5	5.5	3	3.55	2	4	3	5.5	5.5	3.85
越南	2	4	3	3.5	1	3.5	2.75	3	4.5	3.75	6.5	6.5	3.81
波兰	4.5	5	4.75	4	5	1	3.4	2	3.5	2.75	4.5	4.5	3.80
罗马尼亚	4	4	4	3	4	3.5	3.45	2.5	4.5	3.5	3.5	3.5	3.61
爱沙尼亚	4	4	4	1.5	3.5	2.5	2.4	2.5	5.5	4	4	4	3.52
伊朗	4.5	4	4.25	4.5	1	5	3.6	4.5	3	3.75	2	2	3.48

续　表

国家	科技论文数量	高校排名	科研实力	专利申请	知识产权收入	居民工业设计申请	创新实力	商标数量	新企业数量	市场活力	高科技出口	国际竞争力	科创产出
乌克兰	3.5	4	3.75	3.5	3	4.5	3.65	3	4	3.5	2.5	2.5	3.41
菲律宾	2	4	3	3.5	3	3	3.2	2.5	2.5	2.5	5	5	3.34
斯洛伐克	3.5	4	3.75	2.5	3	2.5	2.65	1.5	4	2.75	4.5	4.5	3.32
斯洛文尼亚	4.5	3	3.75	3	4	4	3.6	2	2	2	4	4	3.32
印度尼西亚	3	5	4	4	3	3	3.4	2.5	3	2.75	3	3	3.31
立陶宛	3.5	4	3.75	2.5	3	4	3.1	2	3	2.5	4	4	3.29
阿联酋	3	5	4	4	1	3	2.8	3.5	4	3.75	2.5	2.5	3.28
克罗地亚	4	3	3.5	2.5	4	4.5	3.55	1.5	3.5	2.5	3	3	3.17
哈萨克斯坦	2.5	5	3.75	3	2	2	2.4	2.5	3.5	3	3.5	3.5	3.11
沙特阿拉伯	3.5	5	4.25	4	1	2.5	2.65	3.5	2.5	3	2	2	3.01
保加利亚	3	2	2.5	2	4.5	3.5	3.2	2	2.5	2.25	4	4	2.95
拉脱维亚	3.5	3	3.25	2	3	2.5	2.45	2	3.5	2.75	3.5	3.5	2.94
白俄罗斯	2.5	4	3.25	2.5	4.5	3	3.25	2	2	2	3	3	2.89
塞尔维亚	3.5	3	3.25	2	4	4	3.2	2	2.5	2.25	2.5	2.5	2.84
巴基斯坦	3	5	4	2	3	2.5	2.45	2.5	2	2.25	2.5	2.5	2.80
埃及	3	5	4	3	2	3	2.7	2	2	2	2	2	2.71

续　表

国家	科技论文数量	高校排名	科研实力	专利申请	知识产权收入	居民工业设计申请	创新实力	商标数量	新企业数量	市场活力	高科技出口	国际竞争力	科创产出
科威特	3	3	3	2.5	1	1	1.6	3.5	4.5	4	1.5	1.5	2.53
巴林	2	3	2.5	3	1	2	2.1	3.5	2.5	3	2.5	2.5	2.51
阿曼	2.5	3	2.75	3	1	3.5	2.55	3.5	2.5	3	1.5	1.5	2.50
卡塔尔	3.5	3	3.25	3.5	1	1	2.8	3	4	3.5	1	1	2.49
格鲁吉亚	2	2	2	2.5	2.5	3.5	2.65	2	4.5	3.25	1.5	1.5	2.45
波黑	2.5	2	2.25	1	3.5	4	2.85	2	1.5	1.75	3	3	2.40
黑山	2	1	1.5	1.5	2.5	5	3.1	3	3	3	1.5	1.5	2.28
蒙古	1	1	1	2.5	2.5	4.5	2	2	3.5	2.75	2	2	2.27
亚美尼亚	2.5	1	1.75	2	1	3	2.05	3	3	3	2	2	2.19
斯里兰卡	2.5	3	2.75	2.5	1	2.5	2.9	2	2.5	2.25	1.5	1.5	2.17
摩尔多瓦	1.5	1	1.25	2	2.5	4.5	1.8	2.5	2	2.25	2	2	2.15
阿塞拜疆	2	3	2.5	1.5	1	3	2.05	2	3	2.5	1.5	1.5	2.09
伊拉克	3	4	3.5	2	2	2		2	1	1.5	1	1	2.05
乌兹别克斯坦	1	1	1	2	2	2		1.5	4	2.75	1.5	1.5	1.84
吉尔吉斯斯坦	1	1	1	1	2.5	3		1.5	1.5	1.5	2	2	1.64
塔吉克斯坦	1	1	1	1	2	1	1.3	1	1	1	1	1	1.09

第五节　模型建构和数据分析

一、科创发展指标与国民经济相关指标之间的关系

利用上述数据,本节拟对不同变量之间的关系进行考察。具体包括两个方面,一是不同指标之间相关性,二是基于不同收入组国家在科创指标上的表现有何差异。下一节再进一步建立回归模型,对变量关系作进一步的分析。

表 4.9　不同变量之间的相关性

	1	2	3	4	5
1. 科创投入	1				
2. 科创环境	0.428^{**}	1			
3. 科创实力	0.614^{***}	0.408^{**}	1		
4. 科创发展指数	0.854^{***}	0.692^{***}	0.870^{***}	1	
5. 人均 GDP	0.490^{***}	0.605^{***}	0.410^{**}	0.589^{***}	1

注:$* \, p < 0.05$;$** \, p < 0.01$;$*** \, p < 0.001$。

由表 4.9 可知,不同变量之间存在较强的相关性。按国家收入组别,进行 ANOVA 分析,比较组间的差异。得到结果如表 4.10 所示,可以发现不同组别之间在科创投入、环境和发展指数上有显著的差别,但是产出方面没有明显差异。

表 4.10　不同收入组国家 ANOVA 分析

		平方和	df	均　方	F
科创投入	组间	15.484	2	7.742	8.195^{***}
	组内	42.515	45	0.945	
	总数	57.999	47		

续　表

		平方和	df	均　方	F
科创环境	组间	11.005	2	5.503	10.504***
	组内	23.573	45	0.524	
	总数	34.578	47		
科创产出	组间	4.362	2	2.181	2.307
	组内	42.543	45	0.945	
	总数	46.905	47		
科创发展指数	组间	8.243	2	4.122	8.437***
	组内	21.983	45	0.489	
	总数	30.227	47		

进一步的检验(post hoc test)发现,高收入比中高收入和中低收入国家科创投入、发展指数显著更高,但是中高收入和中低收入国家两个组别的科创投入没有显著差别。

在科创环境指标上,高收入国家比中低收入国家得分显著更高,但与中高收入国家组不存在显著差别。

在科创产出指标上,ANOVA检验显示整体上并没有显著差异,但是分组比较显示,高收入组国家与中低收入组国家之间有显著不同。

二、影响科创产出的因素分析

基于科创的投入产出关系,本节将科创产出及其四个分指标(科研实力、创新实力、市场活力和国际竞争力)作为因变量,科创投入和科创环境的相关指标作为自变量,建立结构方程模型如下:

$$STO = \alpha_1 In_1 + \alpha_2 In_2 + \beta_1 Env_1 + \beta_2 Env_2 + \gamma GDPPer + \zeta$$

公式中的自变量分别是指:

In_1:国内科研投入,由知识工作人员数量、研发人员密度、研发投入强度三项指标构成,是一个反映性潜变量(reflective)。

In_2:外部科研投入,由国外直接投入(FDI)代表。

Env_1:人才环境,由中学入学率和大学入学率构成,形成性潜变量(formative)。

Env_2:经营环境,由企业税负水平、开业所需时间、电力获得容易度和移动互联网普及率构成,这是一个形成性潜变量(formative)。

公式中的控制变量分别是指:

$GDPPer$:人口数。

因变量的建构:

科研实力:由科技论文数量和高校排名构成,反映性潜变量;

创新实力:由专利申请、知识产权收入、工业设计申请构成,反映性潜变量;

市场活力:由商标申请和新企业数量构成,反映性潜变量;

国际竞争力:用高科技产品出口代表。

本书利用 SmartPLS 3.3 结构模型分析工具,它适合于多个潜变量(类似科创)之间关系的情况分析,结果报告如表 4.11、4.12 所示。

根据分析结果,我们得到以下模型:

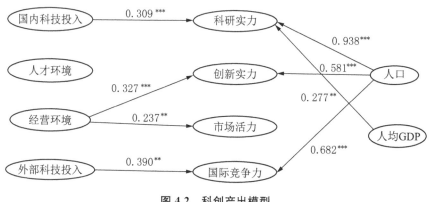

图 4.2 科创产出模型

表 4.11 变量描述性统计及相关性

	国内科技投入	外部科创投入	人才环境	经营环境	科研实力	创新实力	市场活力	国际竞争力	人口
国内科创投入	0.861								
外部科创投入	0.523***	1							
人才环境	0.648***	0.287*	1						
经营环境	0.099	0.108	0.272	1					
科研实力	0.446**	0.374**	0.302*	0.107	0.912				
创新实力	0.587***	0.552***	0.414**	0.212	0.713***	0.879			
市场活力	0.294*	0.362*	0.334*	0.538***	0.588***	0.599***	0.919		
国际竞争力	0.541***	0.640***	0.284*	0.185	0.620***	0.707***	0.454***	1	
人口	-0.198	0.186	-0.263	-0.190	0.533***	0.384**	0.295*	0.246	1
人均 GDP	0.569***	0.240	0.563***	0.496***	0.471**	0.353*	0.444**	0.377**	-0.385**

注：* p=0.05；** p=0.01；*** p=0.001,斜对角线为 AVE 值,均大于 0.6,并高于相关系数。

表 4.12 模型路径分析

	因变量	科研实力	创新实力	市场活力	国际竞争力
自变量	国内科技投入	0.309***	0.140	−0.005	0.239
	外部科技投入	−0.040	0.096	0.161	0.390**
	人才环境	0.097	0.169	0.083	0.145
	经营环境	—	0.327***	0.237**	0.185
控制变量	人均 GDP(LN)	0.277**	0.218	0.160	−0.025
	人口(LN)	0.938***	0.581***	0.682***	0.215
	R^2	0.877	0.872	0.848	0.655

注：* p=0.05；** p=0.01；*** p=0.001,基于 SmartPLS v3.3.9 软件分析结果。

基于上述路径分析,我们有以下重要发现。

(1)国内科创投入主要影响科研实力,而对创新产出,国际竞争力和市场活力没有直接影响。这表明,国家在科技方面的投入可能会促进科技论文数量,但并不必然带来创新、市场活力和国际竞争力。

(2)外部科研投入正向影响国际竞争力,而对其他指标没有产生影响。原因可能是,对于多数"一带一路"国家而言,提升其国际竞争力的因素主要来自外资。吸引的外资主要是出口为主,并没有对本地科研起到直接的促进作用。

(3)人才环境对科创产出各变量基本没有显著的影响。而经营环境对创新实力和市场活力有显著的正向影响。经营环境影响创新实力和市场活力这是可以理解的,但对国际竞争力没有影响,表明经营环境主要针对国内的市场竞争。

人才因素对科创产出没有直接影响有一些出乎意料,这可能有两方面的因素:一是尽管他们对科创产出没有直接的显著影响,更可能通过其他的变量,以及相关制度,如税务和人才优惠政策起作用的。二是本书选择的中学和大学入学率指标并不充分反映一国的人才资本和实力。

(4)控制变量之中,人均 GDP 对科研实力有显著的正向影响。人口影响科研实力、创新实力和国际竞争力。

基于以上分析,我们可得到了有关于国际科创合作的一些有益的启示。一是各国应把握机会,一方面加大科研投入,以提升本国的科研实力;另一方面应积极吸引 FDI,以提升国际竞争力;二是经营环境对市场和创新尤其重要,没有好的经营环境,科技无法转化,最终不能产生直接经济上的效益。三是中国应重视与人均 GDP 较高的国家开展科创合作,因中国目前科创能力有了显著的提升,与这些国家有一定的互补性,可以更有利于他们向科创型国家转型。四是人才环境是一国科研的基础性力量,构成为市场竞争和外资进入的重要环境性因素,仍然是一个不可忽视的重要因素。

三、科创投入效率的比较

如前所述,"一带一路"国家的科创投入和科创产出呈现明显的相关性,但这仅仅是整体层面。本节将关注于国家科创投入产出情况,考察"一带一路"国家在科创方面的投入产出效率情况。

由于到对科创投入和产出理解不同,因此可能产生的不同的评估结果。本书主要利用综合的科创投入、产出指标,如图 4.3 所示。

以 3 为界((3,3)为原点),将图 4.3 分为四个象限。

处在第一象限的国家,其科创投入产出均较大,表明其强大的科创投入产生较好的回报。这包括韩国、新加坡、俄罗斯等。

第二象限属于投入小,但产出高,包括印度尼西亚、中国、菲律宾、巴基斯坦等少数国家,表明这些国家在科创方面效率比较高。同时发现,在相近的科创投入力度的国家(印度、泰国、罗马尼亚等)中,中国的科创产出明显较高,更像是其中一个异数。

第三象限的国家科创投入和产出均较小。以中亚、南亚国家占多数,这些国家多属于中低收入国家。

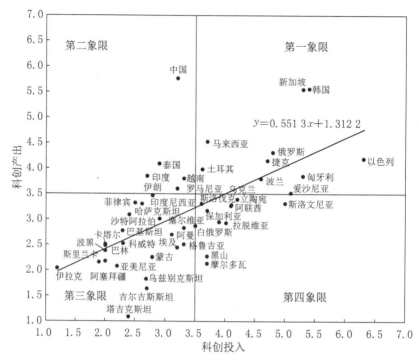

图 4.3 "一带一路"国家科创投入产出效率

第四象限是投入大,但产出相对低。以斯洛伐克、拉脱维亚等东欧国家为主。

利用国家收入组(高收入、中高和中低)与四个象限进行交叉制表分析,计算其卡方值,结果如表 4.13、表 4.14 所示。

表 4.13 不同收入组国家组所处象限交叉表

		象限				合计
		1.00	2.00	3.00	4.00	
国家组别	1	0	2	10	1	13
	2	3	3	7	4	17
	3	7	0	5	6	18
合计		10	5	22	11	48

注:国家组别 1 为中低收入组,2 为中高收入组,3 为高收入组。

表 4.14　卡方检验

	值	df	渐进 Sig.（双侧）
Pearson 卡方	14.916	6	0.021
似然比	18.837	6	0.004
线性和线性组合	0.912	1	0.340
有效案例中的 N	48		

注：9 单元格（75.0%）的期望计数少于 5，最小期望计数为 1.35。

基于以上分析结果表明，国家收入与所处象限存在显著相关性。高收入组、中高收入国家更多处于第一、四象限，而中低收入国家更多处于三象限。第二象限的无高收入国家。

从科创发展和国家发展来看，比较理想的是各国应该从第三象限向第一象限演进。第二象限貌似投入产出比更高，但是考虑到科创的长期战略性特征，产出通常会滞后于投入较长时间，因此它并不具备可持续性。因此有两条路径，即（1）三象限→二象限→一象限，以及（2）三象限→四象限→一象限。前者是指通过提升投入效率，在实现效果提升的基础上再加大投入的模式，后者是先加大投入，通过积累实现整体实力的提升。根据"一带一路"国家的情况，可以发现东欧等国走的是第二条路线，从目前看投入产出并不高。中国、印度则通过持续加大投入，实现了更高的产出效率。

第六节　政策建议

本章建构了一个科创发展的评估体系，分析了"一带一路"国家的科创发展水平，发现不同科创变量之间的定量关系。本研究发现：

（1）"一带一路"国家科创发展水平排名中，新加坡、韩国、以色列排名前三，排名最后的三国是：伊拉克、塔吉克斯坦、斯里兰卡。不同区域都涌现出本区域不同的科创领先者。基于 ANOVA 分析,高收入国家相比于中低收入国家在三项指标均有显著的差异,相比中高收入在科创投入方面更加慷慨。

(2)部分高收入中东国家由于其发展路径依赖,对科创的重视程度不高。但是这种国家一旦意识到科创的重要性,例如与气候、环保、健康问题相关联,则可能成为中国重要的合作伙伴。

(3)在科创产出的四项指标中,科研实力主要受到国内科技投入影响。创新实力和市场活力受到经营环境影响;国际竞争力主要受外部科技投入,即 FDI 的影响。此外,本研究表明,人口因素对科创产出有着重要的影响,这一点对于中国对外科创合作交流有着一定的启示。

(4)基于投入和产出两个维度,本书将不同国家划入不同象限。通过对收入组和象限之间的卡方分析,发现二者密切相关。高收入国家如新加坡、韩国等基本处于高投入、高产出的第一、四象限。而中低收入国家多处于第三象限和第二象限。

(5)中国科创实力总体排名第五。综合考虑数量和比重,科创产出排名第一。这表明中国的科创事业近年来确实有了较快的进步。但中国的短板在科创环境,尤其是企业税负水平。科创合作对象除了"一带一路"上的科创强国,如新加坡、俄罗斯、以色列,其他潜在科创实力较强的合作伙伴,可以从基础科研合作开始,逐步向创新合作转化。而与科创实力相对较弱的合作伙伴,则是相反的路径。

科创发展本身是一个高投入高风险的体系化活动。随着中国的国际影响力的提升,通过高铁、水电站等科技含量较高的基础设施建设,不失为一种较为务实的科创合作方式。但是由于基础设施建设周期长,回收较慢,单从短期的技术经济角度看,投资收益并不是太高,同时存在较高的债务风险,如 2022 年 4 月斯里兰卡危机所带来的问题。同时,这种合作中包含科创成分并不太高。

　　而在科研端,主要是需要公共资金的大量长期的投入,在创新和市场端,需要活跃的企业主体。但是高投入并不能确保高产出,如第四象限的国家。对于中国而言,目前的产出较好,但是主要反映在科研和专利方面,市场活力和国际竞争力仍然有提升的空间。因此,在投入和环境方面仍然需要进一步发力,比如经营环境的打造、FDI 的吸引,向第一象限迈进。

第五章
不同国家科创政策范式分类

第二章已经对国家科创政策范式进行了理论梳理，为了对各国实际科创政策的贯彻情况有一个更加具体的认识，本章拟基于不同国家的政策文本进行聚类分析，了解不同国家的政策范式归属，并基于这一划分，探索中国可以采取的科创合作形式。

第一节 全球科创政策范式的演化

过去20多年来，世界各国越来越认识到科创政策①的重要性，将其作为推动经济发展、解决社会问题的重要措施。根据著名咨询机构"信息技术与创新基金会"（ITIF）的统计，目前全球大概有50多个国家制定了科创政策。在学界，对科创政策的研究和关注度也呈现日益增长的趋势。法格贝格（Fagerberg, 2016）描绘了"科创政策"（innovation policy）这一关键词在谷歌上的指数趋势图，发现自20世纪90年代中期以来，这一指数上升了4—5倍。

然而，从各国的政策文本看，可以发现它们对"科创政策"又存在明显的不同理解。有些国家仅仅是将其作为推动科技发展、实现赶超的手段；有些

---

① 在科创政策研究文献中，科学政策、技术政策、创新政策、科技创新政策这些专有名词意义相同。以下统一用"科创政策"一词指代。

国家则强调产学研的合作、实现高科技产业的集聚和升级；还有些国家高度关注可持续发展问题,等等。其主要原因是各国处于不同的发展阶段,其面临的迫切任务各有不同,从而对于科创政策的目标和定位的理解上存在差异。

肖特和斯坦穆勒(Schot and Steinmueller,2018)提出自科创政策出现以来,存在三种范式:即科学技术政策范式(范式1);国家创新体系政策范式(范式2);转型性变革政策范式(范式3)。随着各国对科创发展认识的深化,越来越多的国家认识到科技创新不仅应该服务经济发展的目标,还应服务于可持续发展的社会目标。

本章的目标是分析当前各国科创政策所归属的不同范式,特别关注于各国向范式3的演变。通过收集各国最新的科创政策文本,进行关键词分析,对科创政策范式的实践进行分类。然后考察哪些国家正在向范式3转型,及其可能面临的障碍和挑战。最后,对不同国家之间合作的基础和可能性进行分析。

第二节　科创政策的具体实践

肖特和斯坦穆勒(Schot and Steinmueller,2018)关于三种政策范式的分类很大程度上源自实践,得到了很多可持续发展研究的文献的支持,很多国家在其科创政策中不断融入这些因素(Edquist,2019)。为此,下文通过对全球代表性国家的科创政策文本进行关键词分析,从中发现上述三大政策范式的实践情况。

一、关键词识别和筛选

关键词在文本中的出现频率客观地代表了这些工作和任务在战略中的重要性,出现频次越高,其重要性越强。本书从两方面识别关键词:第一,通过肖特和斯坦穆勒有关三个范式的核心主张,仔细考察每个战略范式的含义和措施,发掘出关键词。第二,从政策实践出发,基于各国实际的政策文本框架和内容,找出各类措施的侧重点。

基于上述分析框架,笔者首先通过文本阅读,初步识别出 168 个不同类别的关键词(均为英文)。为了保证这种选择的合理性,笔者邀请了该领域的三位专家对 5 个样本国家的战略文本进行初步分析,最终确认 115 个关键字,归入 13 类典型措施,如科研机构、科技人才、产学研合作、区域与集群政策、可持续发展等,并将这些措施划入三大范式中(详见表 5.1)。

表 5.1 关键词列表

范式	措施	关键词	变量
范式1	① 科研机构研发投入	universit;academ;basic research;institute;Public Research(PRO);expenditure/expense;publica	RD_Inv
	② 科技人才	talent;train;postgraduat;PhD;docto;scientist	Sci_Tale
	③ 研发设施	scientific/research infrastructure;R&D infrastructure	Re_faci
	④ ICT 设施	ICT infrastructure;broadband;internet;e-gov	ICT_inf
	⑤ 知识产权	Intellectual Property/IP/IPR;IP-related;patent;trade mark;brand	IP
	⑥ 企业研发投入	tax relief/credit;tax incentive;tax exemption/reduction;grant;subsidies/subsidy;loan;equity;financial support;guarantee;risk-shar	En_RD_fund
范式2	① 产学研合作	collaborat;co-operat/cooperat;application;commerciali;transfer;participat;consortia;partner;link;joint;network;ecosystem;platform;incubat;accelerat;cataly;interact;complement;excellence;university-industry;innovation system;triple helix	Aca_Ind_coop

范式	措　施	关键词	变　量
范式2	② 初创和中小企业	start-up/startup；high-growth firm；early technolog；entrepreneur；co-investment；private equity/PE；venture capital/VC；seed fund/capital；skill；angel；funds of fund；internship；absorptive capacity；learning；innovative/innovation skill；financial instrument	Startup_SME
	③ 国际研发合作	internation；global；foreign；oversea；multinational/MNC；diploma	Inter_Coop
	④ 区域和集群政策	cluster；proximity；speciali；science park；industrial park/technology park；regional innovation	Region_Po
	⑤ 创新中介服务	intermediar；consult；information assistance；technical assistance；sharing of information；information sharing；brokerage	Medi_Ser
范式3	① 政策协调	cross-border；coordinat/co-ordinat；cross region；interdisciplinary	Po_Coor
	② 可持续发展	green technolog；climate change；sustaina；energy；social innovat；social exchange；security；grand/social challenge；ageing；women；health；language；culture	Sus_Po

二、数据采集

一个国家的科创政策是一组不同层级文件的总和。就本书的研究目的而言，主要面向国家层面定期发布的科创战略规划。国家层面的科创政策文本与该国总体战略相配套，是各部门政策关注点的综合平衡，这有别于科技管理部门所出台的政策。

在数据来源方面，本书通过网络收集世界各国的科创战略规划文本。在国家选取上，首先面向"一带一路"国家；其次是经合组织（OECD）和欧盟成员国等资料相对丰富的国家。笔者主要在各国科技主管部门的官方网站上获取一手资料。

在文本选择上,优先使用英语文本。少数国家仅有本地语言版本,则采取机器翻译的方式。最终收集到 34 个国家的有效政策文本(名单可参见表 5.3)。

从所收集的国家情况看,既有比较发达的国家,如德国、日本,也有相对不发达的国家,如印度、哈萨克斯坦等;既有规模大的国家,如中国,也有规模非常小的,如斯洛文尼亚。地域上以欧亚大陆国家为主,同时包括了大洋洲国家,略有不足的是没有找到非洲和美洲国家的合适样本。对于全球近 200 个经济体而言,从科创政策制定角度看,这 34 个国家的样本具有充分的代表性。

取得各组变量的关键词词频之后,计算其相对频率,即词频占总文本字数比例,本书选择每千字频数为单位。例如,德国 2014 年规划总字数为 18 830 字,而科研投入关键词频数小计为 40,则赋其值:40×1 000/18 830＝2.124。最终各变量的描述性统计情况如表 5.2 所示。除部分变量经过对数化处理,最终所有变量均符合正态分布。

表 5.2　描述性统计

变　量	说　明	样本数	平均值	标准偏差	偏　度	峰　度
Rd_Inv	公共研发投入	34	5.582	3.971	1.851	4.839
Sci_Tale	科技人才	34	3.231	1.887	1.176	1.253
Re_Faci	研发设施*	30	−0.360	1.155	0.137	−0.258
ICT_Inf	ICT 设施*	28	−1.878	0.883	0.076	−0.152
IP	知识产权	34	0.832	0.842	1.374	1.551
En_RD_Fund	企业研发投入	34	1.229	0.938	0.967	0.350
Startup_SME	产学研合作	34	2.724	1.480	0.830	1.423
Aca_Ind_Coop	初创和中小企业	34	10.116	3.597	0.453	0.234
Inter_Coop	国际研发合作	34	4.835	1.749	0.379	−0.699
Region_Po	区域和集群政策*	33	−0.399	1.119	−0.197	−0.404
Medi_Ser	创新中介服务*	31	−1.250	0.815	−0.482	1.025
Po_Coor	政策协调	34	0.827	0.626	1.149	0.691
Sus_Po	可持续发展	34	5.051	3.020	1.283	1.312

注:* 研发设施、ICT 设施、区域和集群政策、创新中介服务四个变量进行了对数化处理,以满足正态分布。

三、聚类分析

　　为了避免分类变量之间的相互干扰,我们首先对上述 13 个变量的相关性进行分析,结果显示变量之间的相关度较低,78 对变量中,仅有 10 对变量存在相关性,且相关系数均在 0.45 以下。这表明变量之间相关性不强,适合作为独立的分类变量(Mooi and M. Sarstedt,2014)。

　　利用 SPSS19.0 统计软件 K-Means 分类法,选择 3 组,通过逐步剔除非显著性分类变量,最终得到四个显著的分类变量(研发投入 RD_Inv、知识产权 IP、产学研合作 Aca_Ind_Coop 和可持续政策 Sus_Po),运行结果如表 5.3 所示。

表 5.3　三分法结果

编号	第一组:技术研发导向	距离	编号	第二组:产学研合作导向	距离	编号	第三组:可持续导向	距离
1	日本 2016	3.638	5	奥地利 2015	7.174	22	亚美尼亚 2014	4.606
2	荷兰 2015	7.267	6	比利时 2010	4.218	23	澳大利亚 2017	3.834
3	斯洛文尼亚 2011	1.840	7	克罗地亚 2014	6.089	24	中国 2016	1.487
4	瑞士 2017	3.443	8	捷克 2016	0.638	25	丹麦 2008	4.958
			9	爱沙尼亚 2014	2.674	26	德国 2014	5.465
			10	芬兰 2008	4.011	27	希腊 2010	4.720
			11	匈牙利 2013	3.980	28	哈萨克斯坦 2012	4.344
			12	印度 2011	2.999	29	立陶宛 2013	7.692
			13	爱尔兰 2015	5.483	30	新西兰 2015	1.626
			14	意大利 2015	4.791	31	波兰 2013	2.839
			15	拉脱维亚 2014	0.990	32	俄罗斯 2016	2.868
			16	马来西亚 2016	2.159	33	西班牙 2013	6.087
			17	罗马尼亚 2014	3.837	34	瑞典 2012	3.753
			18	新加坡 2016	6.691			
			19	斯洛伐克 2013	3.590			
			20	土耳其 2011	5.067			
			21	英国 2014	1.553			

注:采用 K-Means 聚类方法,距离值为到本组中心点的距离。

基于上述分组,本研究使用单因素方差检验(One-way ANOVA)方法对不同的组别在五个维度上的表现,采用土耳其式事后分析方法(Post Hoc Analysis),从中发现不同组别的典型特征,结果归纳如表 5.4 所示。

表 5.4 单因素方差检验分组事后比较结果

组别	样本数量	不同变量区分的显著性				命 名
		研发投入	知识产权	产学研合作	可持续发展	
1	13	1	2	2	3*	技术研发导向
2	4	3*	1	1	2*	产学研合作导向
3	17	2***	3*	3*	1	可持续导向

注:1. 采用 Turkey Post hoc 分析;
2. 带星号 * 的检验结果为变量值显著小于排名第 1 的组, * $p<0.05$, ** $p<0.01$, *** $p<0.001$。

根据上表,可发现第 1 组在科学研究投入方面倾向最为明显,称之为"研发投入导向组",对应范式 1;第 2 组在产学研结合和知识产权方面倾向最为明显,称之为"产学研合作导向组",对应范式 2;第 3 组在可持续发展方面表现突出,称之为"可持续导向组",对应范式 3。

第三节 结果讨论

基于关键词分析,我们可以发现,现有各国科创政策确实呈现出三个不同的类别,其政策导向非常显著,这印证了肖特和斯坦穆勒(Schot and Steinmueller,2018)的基本主张。从分类结果看,占一半的国家秉承范式 2 的思维,即强调"国家创新体系"中产学研的互动。此外,有 13 个国家(近四成)将可持续发展与科创政策进行了密切关联,这表明在联合国等国际组织的倡导下,很多国家已经开始转变思路,向范式 3 转型。值得注意的是,仍然有 4 个国家聚焦于科技研发的投入,其中三个被公认为科技创新实力较强的国家,即日本、荷兰、瑞士,这说明这些国家在可持续发展和科创政策的结合方面还有待增强。

尽管文本的表述并不必然等同于国家现实政策的实施,但是它的确宣示了一个国家的战略,一种对未来的承诺,能够在很大程度上反映出各国对于科创政策的认识。就全球各国所面临的现实挑战而言,科创政策由范式1和范式2向范式3转型,是一个大的发展趋势。

不同的范式代表着看待世界和问题的不同方式。学者们也一再提出,范式3并不是要替代原有范式,而是尝试在传统科创政策之上更高的一个层面思考科创政策问题,是对原有政策过度强调"为经济增长或国家竞争力而创新"这一假定的反思(Diercks et al.,2019)。因此,各国要实现向范式3的转型,需要作出以下几个方面的转变。

首先,调整科创政策目标,从原来较窄的视角拓展到更广的视角。未来创新不仅是经济增长的创新,而且有应对各类社会挑战的创新。这种方向性的指引有助于克服局部最优化所带来的整体方向性的迷失。过去几十年以来,很多国家过度追求创新驱动的经济增长和竞争力提升,而忽略了其他更为宏大的挑战,如气候变化、不平等问题,结果造成很多不良的影响。

其次,重视科创政策治理,目标的调整需要更多相关方的共同参与。以往国家科创政策主要由科技、产业发展、教育、财政部门参与,其他如环保、农业、民政等部门的参与相对较少。随着科创政策成为很多国家最重要的政策之一,未来这些与可持续发展相关的部门应当发挥越来越重要的作用。

再次,明确政府在转型中的作用。政府是一个公共管理机构,不仅承担了经济职能,更重要的还有社会职能。迪尔克斯等提出要区分"科技变革"与"技术经济变革"两个概念(Diercks et al.,2019)。前者可以是由政府主导和控制下的变革,特别是基础科研需要政府的全力支持,而后者则强调新产品和市场的创造,是由市场主导的,政府可以进行干预和监管。范式3要求政府承担起推动社会创新的重要职能,因此,更重要的是发挥市场的基础性作用,营造良好的竞争环境。

最后,关注科创政策的全球协调性。以往的科创政策范式更多是强调一国范围内不同部门之间的协同,例如产学研结合,这些都是在一国范围内可以实现的,对于国际合作强调得不多(Diercks et al.,2019)。但在范式3的定义下,国家科创政策具有较高的溢出效应,更多需要全球各国政策之间的协调(Hammadou et al.,2014)。这是很多国际协议,如《巴黎气候协定》《全球气候和能源市长公约》等最为强调的部分。

在具体的转型路径和方法上,基于向范式3的转型是一场综合性社会变革,不同领域的学者们对各国向可持续转型的实践提出了多种方案。索瓦酷和黑斯(Sovacool and Hess,2017)通过调研发现,存在跨越22个学科的多达96种理论,最终归纳出14种最有影响力的理论。胡雯对此提出了三点建议(胡雯,2019),即将转型目标和社会期望融入科创政策实践;构建具有包容性特点的保护空间,提升创新策源力;探索创新负外部性治理的缓冲机制和政策工具,最终实现负责任的创新。穆罕默德勒察·佐尔法格里安(Mohammadreza Zolfagharian)等通过回顾科创政策领域5份最具影响力的期刊中217篇转型研究文献,进一步归纳了四种相对成熟的理论范式:(1)多层次视角;(2)战略性利基管理(strategic niche management);(3)转型管理;(4)技术创新体系(Zolfagharian et al.,2019)。除此之外,还有从其他学科借鉴来的理论和新的组合理论,鉴于其多学科的性质,这一领域的研究存在方法论上的挑战,仍然非常不成熟。

第四节　政策建议

科创政策发展至今,存在三种不同的范式,即以纠正市场失灵为目标的科技投入范式,以纠正体系失灵为目标的产学研合作范式(范式2),以及对创新目标进行反思的转型性变革范式（范式 3）。其中范式 3 关注于将科创政策服务于可持续发展，而不是狭隘地聚焦于经济发展。在联合国和各大区域组织的推动下，全球各国已经陆续采纳范式 3 的建议，它代表着未来科创政策的发展趋势。

基于本书的研究发现，以及对各国科创政策文本的分析，就中国在未来科创政策和科创合作方面，提出以下政策建议。

一是可持续发展是一个全球性问题，对于中国而言，可以科技政策为切入点，与国外保持协调性。这方面，近年来兴起的"科学外交"（science diplomacy）值得注意。通过与"一带一路"国家进行科技合作，以科技为外交手段，以外交推动科技，实现政策的协同，不仅有助于提升中国科技影响力，也有利于各国在可持续方面达成共识。

二是中国仍然面临向范式 3 进一步转型的问题。从政策文本看，目前中国科创政策规划虽然已经融入了不少可持续发展的内容，处于向范式 3 正式转型的阶段。但是相比于利用科技推动经济发展这一更为突出的目标，可持续方面的篇幅和力度仍然显得不够，对社会发展的推动方面表述较为有限。中国是一个中等发达的人口大国，未来进一步的发展面临可持续的瓶颈，包括脱贫、不平等、环境恶化等挑战。因此，需要在关注经济发展的同时，进一步在科创政策中体现科技对社会发展的推动作用。

三是从地区层面来看范式 3，探索实施方式的多样化。作为一个大国，中国区域间经济社会发展水平差异较大，在科创政策方面也不应"一刀切"，而应当允许不同省市进行探索，形成各有特色的可持续发展的科创政策，对基于范式 3 的科创政策内容进行丰富。在此基础上，鼓励有条件的地方与相同发展阶段的国家和地区进行合作。

四是综合第三章所提出各国的政策范式与合作分类，本书的研究发现，研究范式与合作形式之间存在着一定的对应关系，故尝试提出以下的合作策略：

针对政策范式 1 的国家,应以加强科学界的合作为主,包括共同发表论文、共同申请专利及科学家之间的交流合作等。

针对政策范式 2 的国家,应以加强产业界的合作为主,包括产学研合作、科技园区、全球产业链的合作。

针对政策范式 3 的国家,应以加强政府层面的合作为主,关注于环境、气候、健康等全球性议程。

第六章
科技国家在"一带一路"国家的科创影响力评估

　　国际科技合作被视为国家科技外交的一部分,是各大国提升全球影响力的重要举措。自 2013 年"一带一路"倡议提出以来,中国同沿线国家之间的经贸联系日益紧密。2015 年多部委出台的《推动共建丝绸之路经济带和21 世纪海上丝绸之路的愿景与行动》进一步指出,中国要大力推进科技创新合作,促进科技人员交流,合作开展重大科技攻关,共同提升科技创新能力。

　　共同申请专利是国家最重要的对外科技合作形式之一,它既能够反映本国的科技创新力量,也能够反映两国科技人员之间交流的密切度(Belderbos et al., 2014)。不仅如此,通过专利的合作,科研人员之间可以通过知识分享,建立更加紧密的长期合作关系,在必要时引进外国的高级人才。研究同时表明,多国共同拥有的专利质量上显著高于非共同拥有的专利(Briggs, 2015)。因此,利用共同专利代表国家之间的科技合作水平已经成为现有研究的主要工具之一(叶阳平等,2016;高珺、余翔,2021)。

　　从国家层面看,很多文献已经指出,中国在同沿线国家开展科技合作时,常常面临来自其他传统的科技强国的竞争(雷远征,2018)。以美国为首的西方国家凭借其先发优势,在沿线国家耕耘多年,与这些国家建立了广泛的科技合作关系,对中国志在提升这一领域的影响力保持高度戒备之心。

由此可见,中国在"一带一路"上科技合作的推进、形成科技影响力,必须面对各大传统科技强国的竞争。如何加强国际间科技合作构成一个重大的命题。本书基于各国与"一带一路"沿线国家的专利合作现状和发展状况,比较中国与西方科技强国,包括美、德、英、日、法五国在专利合作方面的优劣势,分析未来"一带一路"科技合作推进中所面临的机遇和挑战。

第一节　数据来源

本书的专利国际合作数据来源于 Incopat 全球专利数据库。这一数据库涵盖世界各国专利局(包括欧洲这样的经济体)专利信息的检索系统,借鉴国内外著名专利检索系统的先进功能,并针对国内用户的使用习惯进行了改良性设计,具有数据全面准确、功能先进、更新速度快、检索效率高、用户界面友好等特点,是进行国际专利技术调研、竞争性分析和法律风险预警的强大工具。

在"一带一路"沿线国家界定上,本书使用学界普遍接受的"一带一路"沿线六大区域(东盟、独联体、南亚、西亚北非、中东欧、中东亚)共 65 个国家的说法。由于 IncoPat 专利数据库没有巴勒斯坦的专利发布信息,本书只分析 64 个"一带一路"沿线国家,将它们与六国合作 PCT 专利申请数据作为分析对象。

本书选择中、美、德、英、日、法六国与"一带一路"国家从 2003 年到 2021 年共 19 年的所有合作专利数据进行高级搜索,以中国为例,搜索语句如下:

AP-COUNTRY＝(CN OR HK OR MO) AND AP-COUNTRY＝(IN OR RU …… OR TK OR MV) AND (AD＝[20030101 TO

20211231])

需要指出的是,这一方法只考虑存在两国专利合作的情况。只要有两国合作的专利,就计作 1。对于同时存在第三国的情况,如中国与新加坡合作的某项专利,有美国、日本等国的参与,此处不另外考虑。

基于此方法,共获得了 118 139 条记录。更进一步,本书还对专利合作领域按国民经济行业分类的数据进行了细分,以下对此分别进行分析。

第二节　总体情况比较

从六国与"一带一路"沿线国家的科技合作总数量看,美国的总量遥遥领先,达到 76 511 项。不仅如此,其在与各个区域的国际专利合作中,也都处于领先地位(见表 6.1),体现了第一科技强国的世界影响力和综合实力。而排名第二和第三的德国和英国各有 13 806 项和 11 710 项,仅占美国的约20%。各国合作专利总量和分区域的详细情况如表 6.1 所示。

表 6.1　六国与"一带一路"沿线国家专利合作总量和分区域情况

区　域	中国	美国	德国	英国	法国	日本	区域合计	国均数量
东盟(10)	3 226	11 756	2 337	1 654	1 056	3 448	23 477	2 348
独联体(7)	303	6 784	1 688	822	854	327	10 778	1 540
南亚(8)	714	23 676	2 085	4 819	954	399	32 647	4 081
西亚北非(16)	619	26 793	2 929	2 706	1 331	667	35 045	2 190
中东欧(17)	318	7 416	4 714	1 686	1 404	481	16 019	942
中东亚(6)	6	86	53	23	2	3	173	29
总计(64)	5 186	76 511	13 806	11 710	5 601	5 325	118 139	1 846
合作国家数	46	61	54	55	53	45	64	—

注:第一列括号中数据为国家数量。

从与六国存在合作关系的 65 个沿线国家看,美国有 61 组合作关系,几乎同所有国家都有合作,合作广度排名第一。而英、德、法约有 54 个,居于其次,影响力也较强。中国与日本分别只有 46 组和 45 组关系,仅占总国家数的 70%,排在第三阵营。

分区域来看,与六国的合作专利数量从多到少排名,前三位依次为西亚北非、南亚和东盟,中东亚 6 国合作数量最少,反映其科技实力和国际交流明显滞后。而从国均数量来看,南亚和东盟的排名均前进一位,分列第一和第二,西亚北非排第三。而如果具体到国家,可以发现南亚的平均数高是由于印度的一家独大。东盟国家中则包括有新加坡、马来西亚、泰国和菲律宾等,区域内部国家之间的实力悬殊相对较小。

从总量看,中国目前仍处于六大国的最后一位,总体影响力相对落后。但是后文会分析到中国的国际科技合作的趋势,其中有总量不能反映的情况。分区域看,中国与东盟的合作最为紧密,这显然是受地理和文化邻近性的积极影响。中国在这一区域的合作专利数量与日本不相上下,占总的国际合作数量的 62.2%。其次是南亚和西亚,但是总数远远低于东盟。而除了东盟,中国在其他区域的科技合作数量都低于德、英、法三国,表明中国只能算是区域性科技大国,其国际影响力仍然比较有限。

最后,通过考察六国各区域合作数量占比,本书归纳出在全球科技布局中,可将其分为三个层次的科技影响力:(1)全球科技领导者,表现出美国一国独大。美国对沿线国家有着巨大的科技合作吸引力,是各国主动结交的科技合作对象。它与大多数国家均有合作,各国占比相对均衡。(2)全球科技强国,以英国、德国、法国为代表:它们在"一带一路"上有广泛的合作,但是略有侧重点,如德国、法国在中东欧;英国在南亚,占比最高的区域超过33%。(3)区域科技强国,以中日为代表:作为亚洲科技大国,中国和日本主要特点是重点布局东盟地区,占比均达 60% 以上。其他主要是南亚和西亚,与沿线国家的合作广度仅有 70%,其影响力有限。

第三节　六国与"一带一路"沿线国家 专利合作趋势的比较

为了充分展现六国与沿线国家专利合作趋势,本书绘制了自 2003 年到 2021 年 19 年的趋势图(参见图 6.1 和图 6.2)。由于美国数量级不同,单独绘制一张图。

可以看出,从 2003 年到 2021 年,各国的国际科技合作均经历了一个过山车式的变化,只是程度有些不等。以美国为例,2011 年之前一直呈现增长态势,从 2003 年的 1 843 件,上升到 2011 年 9 443 件,增长了 4.14 倍。但是 2011 年之后,尤其到了 2013 年急速下滑,最低的 2016 年(1 720 件)已经跌落到 2003 年以下,此后一直在 1 800 件左右徘徊,到 2021 年进一步下降到 738 件(见图 6.1)。

(单位：件)

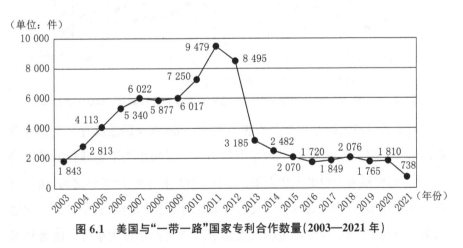

图 6.1　美国与"一带一路"国家专利合作数量(2003—2021 年)

德国和英国呈现出与美国高度相似的步调,2011 年同样成为一个国际合作的分水岭,此后回归到 2003 年以下的水平。法国和日本经历了类似的发展历程,只是振幅相对小些。从图 6.2 中还可以看出,各国从 2018 年后有所回温,但是由于疫情的影响,到 2020 年和 2021 年,合作专利进一步下探,2021 年跌至新低谷。

　　中国的情况与其他国家的略有些不同。2011 年同样是中国对外合作的一个高峰期,但是到 2019 年中国专利合作却达到另一个高峰。在疫情的影响下,中国的国际科技合作有所退步,但仍然高于其他四国。

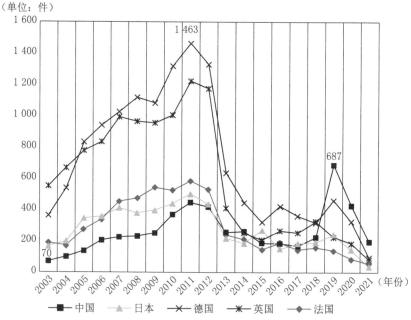

图 6.2　中、德、英、日、法五国与"一带一路"国家专利合作数量(2003—2021 年)

　　对于各科技大国专利合作的这一发展趋势,至今仍然没有一个较为合理的解释。综合各方面的分析,本书认为这正反映出当下全球化的退潮趋势,这一趋势随着疫情的出现而加剧。在 2011 年乃至 2008 年之前,由于互联网在全球迅速普及,涌现了一波前所未有的全球化浪潮,其中又以中国加入世界贸易组织和 2008 年美国次级债务危机为两个重大事件。随着技术红利的消失和危机的扩散,很多国家并未能从这一波浪潮中获益,反而感受到国外互联网巨头和国际游资对本国经济社会的冲击,跨国合作的热情逐渐消退,逆全球化的趋势逐渐形成。

中国之所以能够保持持续的增长,无疑得益于加入世界贸易组织和"一带一路"倡议的提出。从演变趋势图 6.2 中还可以看出,尽管中国在之前的很多年中,专利合作总量一直比不上德国和英国。但是到 2019 年以后,中国在与"一带一路"沿线国家的专利合作已经超过了除美国以外的各国,这一定程度上反映出中国在世界科技界的影响力日益提升的事实。

第四节 六国的主要合作国家及集中度分析

从国家层面的专利合作数据看,"一带一路"沿线国家与六国合作呈现出幂律分布的特征,少数国家合作数据量占了较大的比重,集中在印度、以色列、新加坡、俄罗斯、沙特阿拉伯等国家(见图 6.3)。需要特别指出的是,由于美国的巨大影响力,这一排序主要是由与美国科技合作数量所决定的。

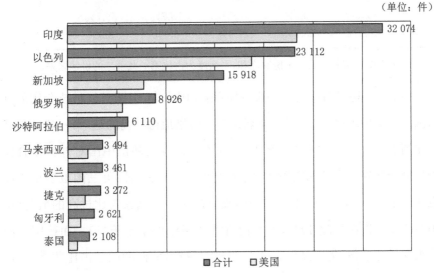

图6.3 "一带一路"沿线与六国科技合作总量最多的十个国家

注:美国在"一带一路"沿线国家科技合作排名第十的国家为土耳其,其他排序与合计几乎相同。

　　再来看沿线国家与六国的科技合作总量的排名。由表 6.2 可以看出，六国呈现出三种类型：美、英的前五名，以及德、法的前五名排名完全相同，中国和日本排名则趋于相似。由此可见，专利合作水平不仅能够从一个侧面反映出不同国家的科技发展水平和竞争力，也能反映不同国家的国际科技合作地缘政治趋向。

表 6.2　"一带一路"沿线国家与六国专利合作前五名及集中度

排名	中国	日本	英国	美国	法国	德国
1	新加坡 (53.4%)	新加坡 (37.9%)	印度 (40.2%)	印度 (30.5%)	印度 (16.2%)	印度 (14.9%)
2	印度 (13.2%)	泰国 (14.7%)	以色列 (12.3%)	以色列 (24.5%)	新加坡 (12.9%)	新加坡 (11.7%)
3	以色列 (9.0%)	马来西亚 (7.4%)	新加坡 (8.9%)	新加坡 (10.1%)	俄罗斯 (12.1%)	俄罗斯 (10.6%)
4	俄罗斯 (5.4%)	印度 (7.1%)	俄罗斯 (5.7%)	俄罗斯 (7.3%)	以色列 (11.4%)	以色列 (10.5%)
5	马来西亚 (4.3%)	以色列 (6.9%)	沙特阿拉伯 (3.6%)	沙特阿拉伯 (6.3%)	波兰 (7.0%)	波兰 (7.2%)
集中度	85.3%	73.9%	70.7%	78.7%	59.7%	55%
平衡度	40.1%	23.2%	27.9%	6.0%	3.3%	3.2%

注：集中度为排名前五国家份额之和，平衡度为占比第一减第二的份额之差。

　　由表 6.2 还可看出，在"一带一路"沿线国家中，中国对外科技合作前五名国家的集中度高达 85.3%，排名最高。特别值得一提的是，第一名新加坡占比超过了 50%。这种"一家独大"的不平衡性反映出中国对外科技合作仍然处于向外拓展的初级阶段，需要引起关注。美、日、英三国虽然集中度也超过了 70%，但是占比相对平衡，没有出现一个国家占比过高的情况（英国与印度合作占比超 40%，但是前五名的集中度小于美日）。而德国和法国表现最为平衡，集中度仅有 60% 不到，且排名前四的国家占比非常接近。如果用第一名占比减去第二名的份额差作为平衡度标准，可以看出中国最不平衡，然后是英国、日本、美国、法国、德国。

第五节 数字领域专利合作情况

本书进一步分析六国与沿线国家的合作领域。通过对专利所在国民经济行业分类,发现有两个领域的专利合作最为突出:一是"I:信息传输、软件和信息服务业";二是"C39:计算机、通信和电子设备制造业"。巧合的是,这两大类别正是数字经济的核心产业,前者为数字服务,后者为数字制造,是新一轮科技革命的爆发点,也是最容易产生创新的领域。这一数据应能够在一定程度上反映一国在数字经济方面的国际影响力。

对此两类产业专利合作情况汇总如表 6.3 所示,可以看出中国的地位有了明显的变化,从总量的垫底提升到第四位,排在日本和法国之前。如果从相对占比来看,则可以发现中国在这两个领域的专利合作占比排名最高(55.0%)。这表明中国对外专利合作集中在数字经济方面,且具有较强的全球影响力,这一点可以从中国大量数字企业,如华为、小米、大疆、海康等在全球的业务成功拓展得到验证。而作为数字经济发源地的美国,在数字领域的专利合作占绝对优势,同时在总合作专利中占比也高达 50.5%,凸显出美国在这一领域的主导地位。与美、中相比,其余四国在数字经济领域则显得有些滞后,其中德、英、法的数字专利合作不到 30%。

表 6.3 六国在两大行业与"一带一路"沿线国家的合作及占比分析

国家	美国	德国	英国	中国	日本	法国	合计
I & C39	38 613	3 881	3 449	2 853	2 247	1 575	52 618
合作总量	76 511	13 806	11 710	5 186	5 325	5 601	118 139
占比	**50.5%**	**28.1%**	**29.5%**	**55.0%**	**42.2%**	**28.1%**	**44.5%**

注:I 表示"信息传输、软件和信息服务业";C39 表示"计算机、通信和电子设备制造业";占比指上述两大行业占总量比例。

第六节　政策建议

本书基于国际专利合作数据,对中国、美国、德国、日本、英国和法国六国与"一带一路"沿线国家的专利合作总体情况和布局(包括区域、国家和行业)进行了量化分析,有以下重要发现。

一是基于专利合作的深度和广度,将六国的世界科技影响力区分为三个层次:全球科技领导者国、全球科技强国和区域科技强国。中国在六国之中专利合作总量排在最后,仍然位于"区域科技强国"阵营。科技合作深度和广度距领先的美、欧四大强国存在较大差距,而与日本的差距有所接近。

二是自 2003 年以来,各国的国际专利合作经历了一个过山车式的变化历程,其中最重要的事件,包括中国加入世界贸易组织和美国金融危机等。而受"一带一路"倡议的激励,中国自 2018 年以后专利合作数据超越了除美国以外的国家,虽然受到疫情的影响,但是发展势头良好。

三是从六国与"一带一路"沿线国家专利合作排名看,呈现美英、德法和中日三种典型的地缘政治合作趋向。中国在国际科技合作中存在与新加坡一家合作比例过高的现象,存在高度的不平衡,值得引起关注。

四是从国家专利合作所处的行业看,数字经济的专利合作现象非常突出。中国在数字经济行业的合作专利总量排名提升为第四名,表现不俗。同时,中国和美国在数字行业的专利占比均超过 50%,显示出两国在数字经济领域呈现蓬勃发展的态势。日本和欧洲三国在此行业的专利合作超过了 28%,表明数字经济已经成为当前的专利热点。

基于上述分析,对于中国"一带一路"科技合作战略,本书提出以下政策建议。

一是中国的国际科技合作需要从深度和广度两个维度上进一步努力。

从地域上,中国目前的合作对象国仅有 46 个,相比于 65 个国家,仍然有提升的空间。在深度上,合作专利数量排名六国的末位,仍需进一步提升。同时应进一步拓展与新加坡以外的其他国家,如印度、以色列、马来西亚、波兰等国的专利合作,减弱一家独大的不平衡现象。

二是中国应尽量减轻疫情的负面影响,借助于 2018 年以来的专利合作不断扩大的优势,尤其是数字技术领域的优势,更多地运用数字手段,推广中国的数字技术,进一步加深与沿线国家的专利合作。

三是中国的数字经济发展水平已经成为除美国以外发展最快的国家之一,借助数字技术的专利合作,打造出"中国智造"品牌,提升中国的科技影响力。

第七章
"数字一带一路"科创合作策略分析*

　　随着数字技术的快速发展,全球各国均在努力向数字经济社会过渡。这一新的经济形态以移动通信和互联网平台作为其基本支撑,对传统生产要素和方式进行深刻的变革,为各国之间的合作提供了前所未有的机遇。新冠肺炎疫情出现之后,全球各国企业都加快了向数字化转型的步伐:在与客户互动方面,从 2017 年 20％上升到 2020 年 58％;同期在数字化产品或服务采纳方面,从 29％上升到 55％(McKinsey,2020)。在这一背景下,"数字一带一路"应运而生。加强与"一带一路"沿线国家在数字经济方面的密切合作,是这一倡议发展的最新阶段。

　　本书课题组自 2016 年以来,一直致力于构建"一带一路"数据库,持续对"一带一路"国家的数字经济和社会发展情况进行跟踪。以下首先对"数字一带一路"的概念进行辨析,再基于"一带一路"数据库,评估分析不同国家的数字社会建设情况,对如何进一步有效地推进"数字一带一路"提供政策参考。

---

　　* 本章内容(除第一节外)选自《全球信息社会蓝皮书　全球信息社会发展报告》(2017 年),作者为本书课题组成员陈隽,对数据及分析部分进行了更新。

第一节 "数字一带一路"的概念回顾

"数字一带一路"和"数字丝绸之路""数字丝路"等是同义词。顾名思义,它是"数字经济"或"数字技术"与"一带一路"的组合。这一概念最早出自 2015 年 12 月第二届世界互联网大会。大会分论坛"数字丝路·合作共赢"围绕如何建设数字丝路、构建中国与"一带一路"沿线国家信息基础设施共建和资源整合模式创新等议题展开了深入的交流。

2017 年 5 月 14 日,中国国家主席习近平在"一带一路"国际合作高峰论坛开幕式上发表的主旨演讲中明确提出:"我们要坚持创新驱动发展,加强在数字经济、人工智能、纳米技术、量子计算机等前沿领域合作,推动大数据、云计算、智慧城市建设,连接成 21 世纪的数字丝绸之路。"当年 12 月,中国、埃及、老挝、沙特阿拉伯、塞尔维亚、泰国、土耳其和阿联酋等 8 个国家发起了《"一带一路"数字经济国际合作倡议》,提出了 15 个合作领域。截至 2019 年,中国已经与 16 个国家签署了建设数字丝绸之路的合作协议。

2019 年 4 月 26 日,习近平主席在第二届"一带一路"国际合作高峰论坛进一步提出,"我们要顺应第四次工业革命的发展趋势,共同把握数字化、网络化、智能化发展机遇,共同探索新技术、新业态、新模式,探寻新的增长动能和发展路径,建设数字丝绸之路、创新丝绸之路",为"数字一带一路"赋予了更多创新的内涵。

国内学者从多种角度讨论了"数字一带一路"的概念,其内涵和外延略有不同。

曾建勋(2015)提出"数字一带一路"应该包括运用现代信息化基础设施加快推进互联网与图书馆、信息服务业的深度融合,实现跨境信息服务发展;面向沿线各国的共性问题,集成信息资源,形成保障体系;基于数据库、模型库、方法库和工具库,提供内容互换、资源共享、人员交流上的技术咨询支持,形成长效合作机制。

向坤(2017)认为"数字丝绸之路"是数字经济和"一带一路"建设结合的概念,是"配合'一带一路'建设,在'一带一路'沿线国家构建的数字经济基础设施和形成合作共赢的数字经济形态以及相关机制"。高韵、王喜文(2017)提出"数字一带一路"是指以"一带一路"倡议为契机,从周边国家开始,以沿线国为重点,通过共同推进信息通信基础设施建设来提高各国通信互联互通水平;通过与有条件、有合作意愿的国家开展更为广泛的互联网业务,来促进和加深彼此间的经济合作和人文交流;通过加强与沿线各国的经贸往来,发展跨境电商,推动中国企业的全球化进程。姜峰和段云鹏(2021)则认为它是以数字经济带动"一带一路"经济合作、技术交流,实现数字要素资源高效配置和创新集聚。

综合上述,我们可以发现"数字一带一路"并不仅仅是数字基础设施和数字信息服务,而是与整个数字经济和社会发展密不可分。沿线国家的数字基建、数字贸易、数字人才和数字技术科研合作等均属于这一概念的范畴。尤其重要的是,就各国数字化经验来看,它可以支持经济实现跨越式发展,带来持续的生产力提升、更高的生活水平,让经济摆脱低迷。对于多数属于发展中国家的"一带一路"国家而言,数字化转型所带来的回报非常显著(WEF,2015)。

作为一项前沿技术所驱动的国家层面倡议的结合,"数字一带一路"建设本身就是各国科创合作的最新发展和最典型的代表。而要推进"数字一带一路"合作,首先有必要对各国的数字经济发展情况进行一个评估。

第二节 "一带一路"国家数字社会发展评估指数

"一带一路"中既有发达国家,也有发展中国家。国家之间的差异巨大,这充分体现在信息化发展水平上。

　　信息化发展水平的评价水平有多种角度。各类机构以各自的研究目的，基于对信息化、数字化、智能化概念的理解，以及所能获取的基础数据库，构建各种评价方法。本书将吸取这些评价方法的思想和方法，构建评价"一带一路"国家信息化状况的评价框架。

一、《经济学人》智库的"数字经济指数"

　　《经济学人》智库（Economist Intelligence Unit，2010）提出的"数字经济指数"涵盖了互联网消费者、商务、公共行政等方面的内容，能够解释数字服务领域中对各国经济所起的作用，以及在世界经济中的地位。基于数字经济对世界各国经济发展所起到的引擎作用，"数字经济指数"采用的指标系统包括了基础设施、商业环境、社会文化环境、法律环境、政府政策、消费者和商业包容七个方面。可以看出，经济学人对数字经济作出了泛义的理解。

　　基础设施描述的主要是宽带及移动互联网的情况，包括了宽带渗透的社会渗透，宽带质量的情况，宽带在社会及家户的可获得性。使用的指标包括了移动电话渗透率、移动网络质量、移动用户渗透率、国际带宽、网络安全等。基础设施强调的是网络的链接性，无论是有线宽带还是无线移动网络。

　　商业环境包括了政治环境、宏观经济环境、市场、投资政策等指标。社会和文化环境包括了教育水平、网络素养、企业家精神、劳动力技能、创新程度等指标。法律环境包括了法律体系效率、新企业注册难度、电子身份证明等指标。政府政策包括了政府信息技术支出、数字发展战略、电子政府战略、在线采购、在线公共服务、电子参与等指标。消费者和商业包容包括了消费者电子消费、电子商务发展、网络应用、公共服务在线使用等指标。

　　这套指标体系既有对信息化水平的评估，也包括了对社会、文化、法律、公共行政等对经济影响的环境的指标。对于后来的各类数字经济评估体系产生了较为深远的影响。

二、国际电信联盟的 ICT 发展指数

国际电信联盟(ITU)发布的《衡量信息社会报告》中构建了各国和地区 ICT 发展指数(IDI 指数)系统。IDI 指标旨在衡量一国 ICT 的相对发展水平,国家间的数字鸿沟,ICT 发展潜力及其对增长的贡献。很明显,这一指标体系聚焦数字技术和基础设施本身的发展及应用。IDI 的理论框架包括 ICT 接入(40%)、ICT 使用(40%)和 ICT 技能(20%)。其理论主张为:ICT 基础设施为一个国家的 ICT 准备度,以及 ICT 技能包括操作技能、内容创造技能、信息管理技能和社交技能,决定了 ICT 的有效使用,最终对社会经济发展产生影响。

在具体指标上,ICT 可获得性包括了固定电话普及率、移动电话普及率、人均国际带宽、家庭拥有电脑比例、家庭拥有网络链接比例五项指标。ICT 使用包括了互联网个人普及率、固定宽带居民普及率、活跃移动宽带普及率三项指标。ICT 技能包括了平均受教育年限、中学入学率、大学入学率等指标。

三、波丢兰斯研究院(Portulans Institute)发布的"网络就绪度指数"

波丢兰斯研究院发布的"网络就绪度指数",是在世界经济论坛组织"信息技术报告"(2016)的基础上构建的。它认为一个国家信息水平反映在四个方面:技术、人员、治理和影响。这一指标体系使用了 12 个二级指标、60 个三级指标。值得注意的是,在其"影响"指标中,包括了经济、生活品质和可持续发展目标 3、4、5、7、11 等内容。

作为一个综合性指标,"网络就绪度指数"体现出一国在利用数字技术的综合能力。从 2020 年排名结果看,前 10 名中只有新加坡属于"一带一路"国家,其余均为欧美发达国家。中国位列第 40 名,处于"一带一路"国家

中上水平。网络就绪度相对较好的"一带一路"国家还包括日本、韩国、爱沙尼亚、以色列等。

四、中国国家信息中心的 ISI 指数

中国国家信息中心构建的信息社会指数(ISI)用来衡量从工业社会向信息社会的转型。信息技术的导入到信息技术应用加速扩散的变化。ISI指数可以描述从信息社会的准备阶段向信息社会转型不断推进的过程。随着信息技术和产品的扩散,信息化的应用将在经济、社会、生活、政治等各个领域数字化、网络化和智能化水平将不断提高,数字鸿沟日益缩小、政府部门间资源共享、协同办公,公共服务实现网络化、智能化。

ISI 指数引入三级指标:第一级为信息经济指数、网络社会指数、在线政府指数、数字生活指数。信息经济指数下的二级指标为经济发展指数、人力资源指数、产业结构指数、发展方式指数。网络社会指数下的二级指数为支付能力指数、社会发展指数。数字生活指数下的二级指数为移动电话指数、电脑指数、互联网指数。

第三节 "一带一路"国家数字化建设成效的评价构架

一、数字化现状评价体系

从对数字化有关的评价体系来看,指标体系的建立与其研究的目的密切相关。本书的研究目的是:分析"一带一路"国家的数字化状况,比较"一带一路"国家之间的数字化水平。在此基础上,体现区域数字化水平的差异;从区域和国家层面,分析国家之间数字化之间的关系;分析数字化与发展水平之间的差异和特点,发现"一带一路"国家之间在数字经济方面科创合作的机会和机遇。

　　参考已有的数字化评价体系,本书认为,测度数字化发展水平需要从基础设施、个人和家庭对数字化设备的使用、数字化的社会应用、数字产业及相关的产业发展等方面评价数字化水平。国家数字化水平应当包括基础设施的部署,对数字化设施、系统和软件的使用情况。在基础设施领域,着重于网络的建设完善程度,包括固定宽带和移动网络。无论是固定网络还是移动网络,反映网络基础设施情况主要考虑网络的覆盖率以及网络速率。网络的覆盖率反映的是数字化对企业、居民等各类用户的可达性。网络速率是网络运行质量的具体体现。网络的安全性是网络基础设施能力的重要体现。国家之间的数字经济发展水平的差异,很大程度上反映在基础设施的配备方面。

　　从个人及家庭使用者的角度,使用者的教育水平、经济状况、对信息技术的偏好等方面都会影响到数字化的使用状况。而从使用的结果来看,对于信息终端设备的使用是其最重要的方面。手机、电脑、固定电话等信息终端设备是使用者接入信息网络、融入信息社会的具体设备媒介。此类信息设备的拥有量和普及度直接反映了数字化水平。同时,不同的信息设备也反映了不同数字化水平。例如收音机、电视机等设备虽然也是信息设备,但与电脑、智能手机等设备的使用相比,这些设备的使用已经上一代或者前几代的设备了,相对应的数字化水平是相对的数字化水平。使用者的使用量和活跃度反映了本国数字化水平的高低,与之相关的一项重要指标是网络的使用成本。成本越高,使用的活跃度越低,成本越低,使用的活跃度越高。

　　在国家层面,数字经济产业状况既是数字化发展的重要基础,也是估计数字化水平的重要方面。从经济角度来看,数字产业的发展、经济结构、信息产品服务进出口都是从产业经济角度衡量数字化水平。数字产业发展受到影响的因素很多,但数字化水平的高低无疑是影响数字产业发展的重要因素。一般说来,经济发展水平与数字化水平是呈正比关系。经济发展水平越高,数字化水平也越高。产业结构能够反映经济发展的阶段,也是数字化发展的重要基础条件。工业化水平越高的社会,对数字化的需求越大,数字化水平也会随之提高。信息产品服务进出口则是从国际交流、对外开放度等方面反映数字化水平。

数据影响决策,当数字化的数据越来越多,成为数据的洪流,其对各个领域的应用也越来越广泛。既有个人层面的信息技术应用,如学习、生活、娱乐等,也有政府、社会、商业等宏观的电子政府、数字生活、电子商务等各个方面。数字化应用是数字经济领域最丰富多彩、最具创新活力的部分。很多独角兽都是在这些领域涌现出来的。

二、数据框架及来源

"一带一路"国家数字化水平的比较分析需要包括数字化的基础设施、数字化使用、经济发展、数字化社会应用这几个方面。参照已有的对数字化评估框架以及对数字化现状评价体系的构建,描述"一带一路"国家数字化水平的数据框架和来源参见表7.1。

表 7.1 数字化评价数据及其来源表

主要维度	分项指标	指标数据	权重	数据来源
基础设施	网络覆盖 33%	移动网络覆盖	50%	国际电联
		固定网络覆盖	50%	国际电联
	网络速度 33%	人均出口带宽	33%	国际电联
		固定网速	33%	国际电联
		移动网速	33%	国际电联
	网络安全 33%	安全服务器数	100%	世界银行
设备使用	终端设备拥有量 33%	个人移动电话拥有率	33%	国际电联
		个人电脑拥有率	33%	国际电联
		家庭固话拥有率	33%	国际电联

续　表

主要维度	分项指标	指标数据	权重	数据来源
设备使用	网络使用量 33%	网民普及率	100%	国际电联
	网络使用价格 33%	固定网络使用价格	50%	国际电联
		移动网络使用价格	50%	国际电联
产业发展	数字产业 33%	高科技出口占比	50%	世界银行
		电信从业人员数	50%	国际电联
	产业结构 33%	非农产业占比	100%	世界银行
	ICT 进出口 33%	ICT 产品进口占比	25%	世界银行
		ICT 产品出口占比	25%	世界银行
		ICT 服务进口占比	25%	世界银行
		ICT 服务出口占比	25%	世界银行
社会应用	电子政府 50%	联合国电子政务指数	50%	联合国
	商业信息 50%	企业信息披露程度	50%	世界银行

三、数据计算方法

　　测度"一带一路"国家数字化的四个维度包括基础设施、设备使用、数字产业、社会应用。由于不同数据的单位和量纲不同,为了便于比较,对以上数据采用了标准化的处理方式,所有的数据都正则化到[0,1]区间上。

　　本章对各级指标均采用等权加总的方式。基础设施由网络覆盖、网络速度、网络安全各取三分之一权重后加总。网络覆盖由移动网络覆盖和固定网络覆盖各取二分之一权重后加总。网络速度由人均出口带宽、固定网速、移动网速各取三分之一权重后加总。网络安全即由安全服务器数作为代表。

　　设备使用由各类信息设备拥有量、网络使用量、网络使用价格平均加权。信息设备包括电脑、移动电话、固定电话等终端设备。网络使用量即网民的普及率。网络使用价格是固定网络使用价格、移动网络使用价格各取二分之一权重后加总得到。

数字产业包括产业发展、产业结构、ICT 进出口。产业发展包括高科技进出口占比、电信从业人员数两个维度。产业结构用非农产业占比代表。ICT 进出口分为 ICT 产品进口占比、ICT 产品出口占比、ICT 服务进口占比、ICT 服务出口占比四个方面。

社会应用体现为电子政府与商业信息两方面,即信息技术在公共部门和企业部门的应用情况,本书利用联合国电子政务指数和企业信息披露程度平均加权。

第四节 "一带一路"沿线国家数字经济和社会发展评估结果

基于数据的可获得性和上述评估框架,本书课题组自 2017 年起(利用 2016 年的数据),每两年对 54 个"一带一路"国家的数字经济与社会方面的发展进行跟踪,其历年总得分与排名如下表所示。篇幅所限,表 7.2 中仅列出 2021 年的分项得分情况(2022 年度统计)。

表 7.2 "一带一路"沿线国家数字社会发展水平评估

国 家	2021 年分项得分						排 名		
	智慧设施	智慧政府	智慧经济	智慧生活	智慧治理	数字社会	2021 年	2019 年	2017 年
新加坡	0.535	0.973	0.392	0.773	0.875	0.710	1	1	1
韩 国	0.649	0.852	0.363	0.845	0.747	0.691	2	2	3
日 本	0.565	0.748	0.231	0.721	0.694	0.592	3	3	2
阿联酋	0.576	0.863	0.130	0.668	0.708	0.589	4	4	29
爱沙尼亚	0.442	0.855	0.139	0.611	0.756	0.561	5	5	5

国　家	2021 年分项得分						排　名		
	智慧设施	智慧政府	智慧经济	智慧生活	智慧治理	数字社会	2021 年	2019 年	2017 年
以色列	0.483	0.679	0.293	0.639	0.691	0.557	6	6	30
斯洛文尼亚	0.440	0.845	0.138	0.654	0.605	0.536	7	7	27
波　兰	0.416	0.837	0.119	0.641	0.659	0.534	8	11	8
立陶宛	0.414	0.779	0.111	0.621	0.706	0.526	9	9	15
塞浦路斯	0.487	0.749	0.151	0.591	0.594	0.514	10	12	—
中　国	0.432	0.632	0.346	0.474	0.678	0.512	11	16	4
俄罗斯	0.396	0.716	0.154	0.596	0.576	0.488	12	13	14
马来西亚	0.388	0.561	0.273	0.497	0.711	0.486	13	10	6
捷　克	0.360	0.642	0.206	0.626	0.561	0.479	14	14	7
哈萨克斯坦	0.326	0.761	0.127	0.555	0.614	0.477	15	24	16
匈牙利	0.440	0.670	0.163	0.548	0.529	0.470	16	18	17
沙特阿拉伯	0.386	0.616	0.062	0.611	0.668	0.469	17	21	12
阿　曼	0.327	0.820	0.041	0.560	0.593	0.468	18	20	25
保加利亚	0.358	0.714	0.110	0.528	0.606	0.463	19	22	35
克罗地亚	0.403	0.683	0.098	0.561	0.534	0.456	20	27	21
拉脱维亚	0.340	0.611	0.142	0.577	0.604	0.455	21	15	10
斯洛伐克	0.356	0.708	0.131	0.521	0.551	0.453	22	17	13
罗马尼亚	0.391	0.684	0.113	0.469	0.582	0.448	23	26	24
白俄罗斯	0.478	0.661	0.055	0.547	0.497	0.448	24	25	22
科威特	0.408	0.644	0.060	0.574	0.518	0.441	25	28	11
塞尔维亚	0.352	0.684	0.074	0.563	0.531	0.441	26	30	26
格鲁吉亚	0.308	0.726	0.055	0.504	0.610	0.440	27	23	28
土耳其	0.265	0.670	0.049	0.574	0.629	0.438	28	19	23
卡塔尔	0.442	0.515	0.112	0.503	0.561	0.426	29	8	19
泰　国	0.392	0.606	0.148	0.334	0.624	0.421	30	34	18
摩尔多瓦	0.329	0.773	0.040	0.380	0.495	0.403	31	31	43

续　表

国　家	2021 年分项得分						排　名		
	智慧设施	智慧政府	智慧经济	智慧生活	智慧治理	数字社会	2021 年	2019 年	2017 年
乌克兰	0.276	0.673	0.042	0.434	0.565	0.398	32	35	32
亚美尼亚	0.282	0.678	0.062	0.427	0.531	0.396	33	32	39
黑　山	0.454	0.528	0.059	0.445	0.456	0.388	34	33	36
菲律宾	0.233	0.599	0.336	0.203	0.536	0.381	35	44	44
文　莱	0.369	0.603	0.090	0.359	0.455	0.375	36	29	31
伊　朗	0.379	0.353	0.048	0.511	0.513	0.361	37	36	45
乌兹别克斯坦	0.215	0.739	0.023	0.328	0.499	0.361	38	39	49
越　南	0.263	0.537	0.227	0.230	0.510	0.353	39	45	20
蒙　古	0.271	0.645	0.110	0.300	0.429	0.351	40	46	47
印度尼西亚	0.190	0.611	0.062	0.264	0.603	0.346	41	40	50
埃　及	0.191	0.491	0.042	0.424	0.558	0.341	42	43	40
阿尔巴尼亚	0.230	0.682	0.027	0.236	0.504	0.336	43	37	53
吉尔吉斯斯坦	0.245	0.594	0.048	0.323	0.412	0.324	44	47	48
约　旦	0.183	0.441	0.028	0.472	0.467	0.318	45	41	52
黎巴嫩	0.184	0.380	0.045	0.464	0.406	0.296	46	42	38
印　度	0.105	0.626	0.089	0.116	0.509	0.289	47	38	42
波　黑	0.311	0.327	0.051	0.419	0.313	0.284	48	48	41
伊拉克	0.222	0.378	0.034	0.488	0.213	0.267	49	50	64
缅　甸	0.227	0.415	0.021	0.444	0.196	0.261	50	55	61
尼泊尔	0.233	0.387	0.028	0.228	0.295	0.234	51	51	63
老　挝	0.235	0.129	0.088	0.384	0.334	0.234	52	54	57
巴基斯坦	0.072	0.507	0.018	0.132	0.372	0.220	53	53	55
孟加拉国	0.113	0.429	0.062	0.145	0.346	0.219	54	52	58
平均值	**0.340**	**0.630**	**0.116**	**0.475**	**0.543**	**0.421**	—	—	—

从表7.2来看,自2016年以来,虽然不同年份个别国家有一些波动,但是总体而言,其排名趋于稳定。54个"一带一路"沿线国家中,2021年数字社会发展程度排名前十的国家分布是:中东欧有6个,东亚有2个,东南亚和西亚各1个。排名后十的国家中,南亚占了4位、西亚3个、东南亚2个、东欧1个。全球大国(从人口和面积看)中,中国、俄罗斯分别排在11位、12位,印度则排在47位。区域性大国中,马来西亚排名13位,哈萨克斯坦排名16位,沙特阿拉伯排名17位,土耳其排名28位,乌克兰排名32位,印度尼西亚排名41位,埃及排名42位。

总体而言,中国、俄罗斯、哈萨克斯坦、沙特阿拉伯、埃及、乌克兰等国家的总排名近年来都有所上升趋势。印度、马来西亚、印度尼西亚、土耳其等国家的总排名则有所下降,其中土耳其、印度排名滑落的幅度比较大。

一、不同区域的数字社会发展比较

将上述54个"一带一路"沿线国家按地理位置分为东亚、东南亚、南亚、中亚、西亚北非、中东欧六个区域,分析不同区域的数字社会发展整体水平,结果如表7.3所示。

表7.3 "一带一路"各区域数字社会发展状况

区 域	国家(排名)	平均得分	中位得分
东 亚	韩国(2)、日本(3)、中国(11)、蒙古(40)	0.537	0.552
中东欧	爱沙尼亚(5)、斯洛文尼亚(7)、立陶宛(9)、波兰(8)、俄罗斯(12)、捷克(14)、拉脱维亚(21)、斯洛伐克(22)、匈牙利(16)、保加利亚(19)、白俄罗斯(24)、罗马尼亚(23)、克罗地亚(20)、塞尔维亚(26)、黑山(34)、乌克兰(32)、阿尔巴尼亚(43)、波黑(48)	0.454	0.455
西亚北非	阿联酋(4)、以色列(6)、卡塔尔(29)、塞浦路斯(10)、土耳其(28)、阿曼(18)、沙特阿拉伯(17)、科威特(25)、伊朗(37)、约旦(45)、黎巴嫩(46)、埃及(42)、伊拉克(49)	0.422	0.438

续　表

区　域	国家（排名）	平均得分	中位得分
中　亚	格鲁吉亚（27）、哈萨克斯坦（15）、摩尔多瓦（31）、亚美尼亚（33）、乌兹别克斯坦（38）、吉尔吉斯斯坦（44）	0.400	0.400
东南亚	新加坡（1）、马来西亚（13）、文莱（36）、泰国（30）、印度尼西亚（41）、菲律宾（35）、越南（39）、老挝（52）、缅甸（50）	0.396	0.375
南　亚	印度（47）、尼泊尔（51）、孟加拉国（54）、巴基斯坦（53）	0.241	0.227

从上表可知，按中位数排列，数字社会建设的平均水平从高到低依次是东亚、中东欧、西亚北非、中亚、东南亚、南亚。这表明区域间存在明显的数字鸿沟，从 2017 年以来这一鸿沟并未出现弥合的态势。

从区域内看，差距也非常大，尤其是东南亚、中东及北非。东南亚的平均水平不高，但新加坡一直保持着世界前列。缅甸、老挝、印度尼西亚则在沿线国家中比较落后。中东及北非区域内，阿联酋和以色列也一直在"一带一路"沿线国家中处于领先地位的国家。伊朗、伊拉克、黎巴嫩、约旦等国无论是经济上还是数字社会建设都相对落后。中东欧区域中，欧盟国家数字社会水平相对较高，非欧盟的国家数字社会水平相对较低。中亚区域的国家之间的数字社会发展水平相对比较平均，整体水平处于"一带一路"沿线国家处于中游水平。东亚区域除了蒙古以外，数字社会水平都较高，尤其是中国取得了比较大的进步。南亚区域整体水平最低，印度的排名下滑严重，尼泊尔、孟加拉国、巴基斯坦都是排名接近底部的位置。

二、数字社会发展的分项比较

2021 年，54 个"一带一路"沿线国家数字社会各分项得分排名如表 7.4 所示。

表 7.4 "一带一路"沿线国家数字社会各分项排名

国 家	智慧设施	智慧政府	智慧经济	智慧生活	智慧治理	数字社会
新加坡	4	1	1	2	1	1
韩 国	1	4	2	1	3	2
日 本	3	12	7	3	7	3
阿联酋	2	2	18	4	5	4
爱沙尼亚	9	3	15	11	2	5
以色列	6	22	5	7	8	6
斯洛文尼亚	12	5	16	5	17	7
波 兰	14	6	20	6	11	8
立陶宛	15	8	23	9	6	9
塞浦路斯	5	11	12	13	20	10
中 国	13	31	3	30	9	11
俄罗斯	18	15	11	12	23	12
马来西亚	21	40	6	28	4	13
捷 克	25	30	9	8	25	14
哈萨克斯坦	32	10	19	20	14	15
匈牙利	11	26	10	21	33	16
沙特阿拉伯	22	33	33	10	10	17
阿 曼	31	7	46	19	21	18
保加利亚	26	16	25	23	16	19
克罗地亚	17	20	26	18	30	20
拉脱维亚	29	35	14	14	18	21
斯洛伐克	27	17	17	24	28	22
罗马尼亚	20	19	21	32	22	23
白俄罗斯	7	27	37	22	40	24
科威特	16	29	35	16	34	25
塞尔维亚	28	18	30	17	31	26
格鲁吉亚	34	14	38	26	15	27
土耳其	38	25	40	15	12	28
卡塔尔	10	43	22	27	26	29
泰 国	19	36	13	43	13	30
摩尔多瓦	30	9	47	41	41	31
乌克兰	36	24	44	36	24	32
亚美尼亚	35	23	32	37	32	33
黑 山	8	42	36	34	43	34
菲律宾	43	38	4	51	29	35

续　表

国　家	智慧设施	智慧政府	智慧经济	智慧生活	智慧治理	数字社会
文　莱	24	37	27	42	44	36
伊　朗	23	52	42	25	35	37
乌兹别克斯坦	47	13	52	44	39	38
越　南	39	41	8	49	36	39
蒙　古	37	28	24	46	45	40
印度尼西亚	49	34	34	47	19	41
埃　及	48	45	45	38	27	42
阿尔巴尼亚	44	21	51	48	38	43
吉尔吉斯斯坦	40	39	41	45	46	44
约　旦	51	46	50	31	42	45
黎巴嫩	50	50	43	33	47	46
印　度	53	32	28	54	37	47
波　黑	33	53	39	39	51	48
伊拉克	46	51	48	29	53	49
缅　甸	45	48	53	35	54	50
尼泊尔	42	49	49	50	52	51
老　挝	41	54	29	40	50	52
巴基斯坦	54	44	54	53	48	53
孟加拉国	52	47	31	52	49	54

（一）各区域智慧设施发展分析

东亚地区的智慧基础设施得分平均数为 0.479，中位数 0.498，大幅领先于"一带一路"沿线其他区域。日本、韩国保持了其在全球的领先地位。中国作为这一地区的大国，其智慧基础设施的进步提升了东亚地区的整体水平。

中东欧地区的智慧基础设施得分平均数为 0.381，中位数为 0.394，在"一带一路"沿线区域中仅次于东亚地区。白俄罗斯、黑山、爱沙尼亚、匈牙利、斯洛文尼亚等国家的智慧基础设施处于"一带一路"沿线国家中处于比较领先的地位。阿尔巴尼亚、乌克兰、拉脱维亚、塞尔维亚等国家的智慧基础设施较落后。这些国家的经济影响了其智慧基础设施的建设发展。

西亚北非地区的智慧基础设施得分平均数为0.349,中位数为0.379,在"一带一路"沿线区域中处于中游。中东及北非地区国家的智慧基础设施差异程度非常大。这一特点与该区域经济情况相符,既有富有的石油国家,也有政治局势动荡的国家。阿联酋、塞浦路斯、以色列等富裕国家的基础设施水平相当高,而约旦、黎巴嫩、埃及、伊拉克等国的智慧基础设施则仍有很大差距。中东及北非地区政治原因是部分国家经济社会发展,包括数字社会发展的主要障碍。

东南亚地区国家的智慧基础设施得分平均数为0.315,中位数为0.263,略低于中东及北非地区的平均水平。东南亚地区国家之间智慧基础设施差异也很大。新加坡在东南亚国家中"一枝独秀",智慧基础设施水平处于世界领先水平。泰国、马来西亚、文莱在东南亚国家中智慧基础设施水平较为领先。

中亚地区国家的智慧基础设施得分平均数为0.284,中位数为0.295,在"一带一路"沿线区域中处于相对落后位置。中亚及外高加索区域的国家之间智慧基础设施水平相对平均,每个国家的得分都与平均数接近。即没有水平特别高的国家,也没有特别差的国家。

南亚的智慧基础设施得分平均数为0.131,中位数为0.109,与"一带一路"沿线其他区域差距比较大。巴基斯坦、印度、孟加拉国三个国家的智慧基础设施水平处于"一带一路"沿线国家中最落后的水平。这三个国家都是人口大国,它们的智慧基础设施水平影响到世界上整体的数字社会发展水平。

(二)各区域智慧政府发展分析

东亚地区的智慧政府得分平均数为0.719,中位数为0.696,在"一带一路"沿线国家中属于最高的水平。韩国的智慧政府一直处于世界领先水平,其智慧政府建设方案是世界很多国家效仿的模板。在智慧政府的评价指标中,联合国的电子政务调查对中国的评价不高,因此中国的智慧政府得分在东亚地区国家中较低。

中东欧地区的智慧政府得分平均数为 0.683,中位数为 0.683,处于"一带一路"沿线区域中比较领先的地位。爱沙尼亚在智慧政府方面保持着其领先的地位。在联合国电子政务调查中,爱沙尼亚的在线服务、电子参与都获得了比较高的评价。斯洛文尼亚、波兰、立陶宛、俄罗斯等国家的智慧政府水平也处于中东欧地区较领先的地位。波黑、黑山、拉脱维亚、白俄罗斯等国家的智慧政府则有待进一步发展。

西亚北非地区的智慧政府得分平均数为 0.585,中位数为 0.616,处于"一带一路"沿线区域中游水平。阿联酋、阿曼、塞浦路斯、以色列等国家在中东及北非地区处于领先地位。伊朗、伊拉克、黎巴嫩、约旦等国家在中东及北非地区处于较落后的地位。

东南亚地区的智慧政府得分平均数为 0.559,中位数为 0.599,处于"一带一路"沿线区域中下游水平。新加坡处于绝对领先的地位。老挝处于最落后的地位,与其他东南亚地区的国家差距较大。其他的东南亚国家之间差距不大,处于东南亚地区中位数的水平。

中亚地区国家的智慧政府得分平均数为 0.712,中位数为 0.732,仅次于东亚地区。中亚及外高加索地区的国家普遍高于 2019 年本报告的水平。无论是数据开放组织还是联合国对中亚及高加索地区国家的相关指标评价较高。

南亚国家的智慧政府得分平均数为 0.487,中位数为 0.468,属于"一带一路"沿线区域中较落后的位置。印度的智慧政府水平与中国的智慧政府水平接近。其他南亚国家则相对比较落后。

(三) 各区域智慧经济发展分析

东亚地区的智慧经济得分平均数为 0.263,中位数 0.289。韩国、中国、日本的智慧经济都远高于沿线其他国家。中国、韩国、日本三国无论是信息产品、信息服务,还是创新程度不仅领先于"一带一路"沿线国家,在全球也处于领先的地位。

中东欧地区的智慧经济得分平均数为 0.107,中位数为 0.112,仅次于东亚地区。捷克、匈牙利、俄罗斯、拉脱维亚、爱沙尼亚等国家都是中东欧地区智慧经济水平较高的国家。俄罗斯在信息服务、创新方面在中东欧区域国家中具有突出优势。阿尔巴尼亚、乌克兰、波黑、白俄罗斯、黑山等国家则是中东欧地区智慧经济水平较低的国家。

西亚北非地区的智慧经济得分平均数为 0.084,中位数为 0.049,处于"一带一路"沿线区域的中游。以色列的智慧经济水平明显高于其他中东及北非地区的国家,特别以色列的创新能力极具竞争力。塞浦路斯、阿联酋、卡塔尔等国家也具有较高的智慧经济水平。阿联酋的电信服务能力在其智慧经济中具有明显的优势。其他中东及北非国家的智慧经济相差不大,比较平均。

东南亚地区的智慧经济得分平均数为 0.182,中位数为 0.148,处于"一带一路"沿线区域的中下游。新加坡、菲律宾的智慧经济水平比较突出,明显高于其他东南亚国家。菲律宾信息产品的贸易是其在智慧经济中主要亮点。印度尼西亚、老挝、文莱的智慧经济水平较低,而缅甸的智慧经济水平则显著低于东南亚其他国家。

中亚地区国家的智慧经济得分平均数为 0.059,中位数为 0.051,处于"一带一路"沿线区域的下游。中亚及外高加索区域国家之间的智慧经济水平相对比较接近,其中,哈萨克斯坦的智慧经济水平显著高于其他中亚及外高加索国家。乌兹别克斯坦、摩尔多瓦显著低于其他中亚及外高加索国家。

南亚国家的智慧经济得分平均数为 0.049,中位数为 0.045,是"一带一路"沿线区域最落后的区域。在南亚国家中,印度依托于其在信息服务方面的优势,智慧经济水平显著高于其他国家。但印度的信息制造仍未构成体系,创新程度也不足,因此总体水平仍较低。另外,尼泊尔、巴基斯坦的智慧经济水平显著低于其他国家,仍有待发展。

(四) 各区域智慧生活发展分析

东亚地区的智慧生活得分平均数为 0.585,中位数 0.597,整体水平是"一带一路"沿线区域中是最高的。在东亚地区,韩国和日本的智慧生活水平处于绝对领先的地位。中国的智慧生活仍不发达,与日本、韩国有一定的差距。中国幅员辽阔,地区贫富差距大,智慧生活水平整体提升具有一定难度。中国的智慧基础设施水平取得了长足进步,为将来智慧生活水平的提升奠定了基础。

中东欧地区的智慧生活得分平均数为 0.533,中位数为 0.555,在"一带一路"沿线区域中仅次于东亚地区。其中斯洛文尼亚、波兰、捷克、立陶宛、爱沙尼亚、俄罗斯等国家依次是中东欧地区智慧生活水平最高的国家。阿尔巴尼亚、波黑、乌克兰、黑山、罗马尼亚等国家是中东欧地区智慧生活水平较低的国家。除了阿尔巴尼亚明显较低之外,其他中东欧地区国家间智慧生活水平比较接近。

西亚北非地区国家的智慧生活得分平均数为 0.545,中位数为 0.560,在"一带一路"沿线区域中仅次于东亚、中东欧地区。阿联酋、以色列、沙特阿拉伯、塞浦路斯、土耳其等国家代表了该区域智慧生活最高水平,而埃及、黎巴嫩、约旦、伊拉克等国家智慧生活水平则较低。沙特阿拉伯普通民众对信息设备、网络的应用程度非常高,因此其智慧生活比智慧基础设施、智慧政府、智慧经济体现出更高的水平。

东南亚国家的智慧生活得分平均数为 0.388,中位数为 0.359,处于"一带一路"沿线区域的中下游位置。东南亚地区中新加坡、马来西亚、缅甸的智慧生活水平较高,其中新加坡的智慧生活水平显著高于其他国家。而菲律宾、越南等国家在东南亚国家中的智慧生活水平较低。缅甸个人和家庭的网络信息设备的普及率非常高,人民能够应用信息技术和设备。因此即使智慧基础设施、智慧政府、智慧经济水平都较低的情况下,缅甸仍达到了相对较高的智慧生活水平。

中亚地区国家的智慧生活得分平均数为 0.419,中位数为 0.403,处于"一带一路"沿线区域的中游。哈萨克斯坦、格鲁吉亚、亚美尼亚等国家的智慧生活水平较高。摩尔多瓦、乌兹别克斯坦、吉尔吉斯斯坦三国的智慧生活水平较低。中亚及外高加索地区国家之间智慧生活水平虽然有差异,但国家水平比较接近。

南亚国家的智慧生活得分平均数为 0.155,中位数为 0.138,是"一带一路"沿线区域比较落后的区域。南亚的四国中,尼泊尔的智慧生活水平显著高于其他南亚国家,孟加拉国、巴基斯坦、印度的智慧生活水平接近。尼泊尔对网络的普及应用,是其能够显著优于其他南亚国家的重要原因。

(五)各区域智慧治理发展分析

东亚地区的智慧治理得分平均数为 0.637,中位数为 0.686,"一带一路"沿线区域中处于领先地位。由高到低依次为韩国、日本、中国和蒙古。中国近年来在信息制度方面改革和数据披露程度更加开放,与韩国、日本之间的差距已经大大缩小。

中东欧地区的智慧治理得分平均数为 0.563,中位数为 0.563,处于"一带一路"沿线区域的上游。波黑的智慧治理水平显著低于中东欧地区其他国家。除了波黑,中东欧地区国家之间智慧治理的差距不大,其中爱沙尼亚、立陶宛、波兰、保加利亚等国家的智慧治理水平较高,波黑、黑山、白俄罗斯、阿尔巴尼亚等国家的智慧治理水平较低。

西亚北非地区的智慧治理得分平均数为 0.548,中位数为 0.561,处于"一带一路"沿线区域的中游。中东及北非地区的国家智慧治理水平分为三个档次。阿联酋、以色列、沙特阿拉伯三个国家的智慧治理水平显著高于其他国家,而伊拉克显著低于其他国家,其余的国家水平相近。

东南亚地区的智慧治理得分平均数为 0.538,中位数为 0.536,处于"一带一路"沿线区域的中下游。东南亚国家智慧治理国家之间的差距显著。

第一层次是新加坡,不仅是东南亚区域领先的国家,而且也是全球先进的国家。第二层次为马来西亚,与新加坡有明显差距,但明显高于其他东南亚国家。第三层次为泰国、印度尼西亚,第四层次为菲律宾、越南、文莱。老挝为第五层次,智慧治理水平明显低于前四个层次的国家。缅甸是第六层次,是东南亚国家中智慧治理水平最低的。

中亚地区国家的智慧治理得分平均数为 0.527,中位数为 0.515,处于"一带一路"沿线区域的下游。中亚及外高加索各国之间智慧治理水平比较接近,差距不大。其中,哈萨克斯坦、格鲁吉亚的智慧治理水平显著高于其他中亚及外高加索的国家。

南亚的智慧治理得分平均数为 0.381,中位数为 0.359,是"一带一路"沿线区域中发展水平最低的区域。印度在信息披露等方面的优势,显著高于其他南亚国家。印度的智慧治理水平与中国有明显差距,与俄罗斯较接近。

第五节 "一带一路"国家数字化发展机遇的评价

通过数字化发展水平的比较表明,"一带一路"国家相互之间数字化水平差异巨大,发展也很不平衡。但发展不平衡正说明在"一带一路"国家中蕴藏着数字化发展的机会,国与国之间有共同开发,合作发展的空间。

创新和投资是经济发展的根本动力。数字技术作为一种通用技术,能够影响所有经济部门的创新,包括农业、汽车工业和零售等传统行业。特定行业的发展态势是由数字技术为产品、流程和商业模式创新提供的机会以及创新所需的数据所驱动的。同时数字技术所带来的融合效应打破原有产业的边界,形成跨行业的协作创新。物联网和云计算等基础设施的大规模投资正在成为经济发展的关键投入,是推动 GDP 增长的重要引擎。

反过来看,经济增长也对数字化不断产生新的需求。在国际贸易、离岸外包方面,互联网被认为是将地球铲平的最重要的推土机之一。2000 年左右兴起的全球化 3.0 热潮,其背后的推动力量不仅仅是跨国公司,更包括所有可以上网的个人。

有鉴于此,描述数字化潜力和机遇的具体数据将主要考虑两个方面:创新投资和经济发展。创新投资描述了国家经济的活跃程度,同时由于具有了通信投资的数据,使得创新投资指标更加能够偏向于代表数字化方面的经济活跃性。本书使用三项指标来反映创新投资:新注册企业数、专利申请数、通信投资。经济发展使用两个数据:GDP 及其增长率,反映的是经济规模和经济增长为数字化发展带来的空间和机遇。

本书选择 2023 年数据,依据以下方法对此进行计算。

表 7.5 "一带一路"国家创新合作机会指标来源和核算方法

维度	指　标	核算方法	数据来源
创新投资	新注册企业数	取 2022 年数据或最新数据	世界银行
	专利申请数	取 2022 年居民和非居民合计数据或最新数据	WIPO
	研发投资	取 2022 年数据或最新数据	ITU
经济发展	GDP	取 2022 年数据或最新数据	世界银行
	GDP 增长率	取 2019—2022 三年平均增长率或最新三年数据	世界银行

一、"一带一路"国家数字化发展机遇比较

本书选择 65 个"一带一路"国家,比较其数字化发展水平和面临的发展机遇。由于个别国家 GDP 数据空缺,故予以剔除,最终得到 61 个国家的数据,使用相同的[0, 1]正则化方法,计算得到最后发展机遇的评价数值(参见表 7.6)。

表 7.6 "一带一路"国家发展机遇比较

国　家	地　区	创新投资	经济发展	发展机遇
中　国	东　亚	0.806	0.885	0.845
韩　国	东　亚	0.918	0.704	0.811
日　本	东　亚	0.791	0.769	0.780
以色列	西亚北非	0.803	0.689	0.746
印　度	南　亚	0.613	0.721	0.667
俄罗斯	非欧盟	0.647	0.673	0.660
埃　及	西亚北非	0.483	0.821	0.652
泰　国	东南亚	0.586	0.685	0.635
波　兰	欧　盟	0.559	0.704	0.631
新加坡	东南亚	0.637	0.622	0.630
乌克兰	非欧盟	0.514	0.731	0.622
越　南	东南亚	0.546	0.697	0.621
阿联酋	西亚北非	0.532	0.706	0.619
印度尼西亚	东南亚	0.527	0.698	0.613
捷　克	欧　盟	0.560	0.655	0.608
马来西亚	东南亚	0.532	0.648	0.590
罗马尼亚	欧　盟	0.500	0.679	0.589
土耳其	西亚北非	0.584	0.592	0.588
沙　特	西亚北非	0.506	0.668	0.587
匈牙利	欧　盟	0.518	0.622	0.570
菲律宾	东南亚	0.470	0.669	0.569
孟加拉国	南　亚	0.365	0.736	0.551
科威特	西亚北非	0.400	0.675	0.538
斯洛伐克	欧　盟	0.448	0.608	0.528
斯洛文尼亚	欧　盟	0.483	0.572	0.528
哈萨克斯坦	中　亚	0.447	0.600	0.523
塞尔维亚	欧　盟	0.426	0.613	0.520
保加利亚	欧　盟	0.414	0.616	0.515
爱沙尼亚	欧　盟	0.445	0.571	0.508
立陶宛	欧　盟	0.408	0.606	0.507
阿　曼	西亚北非	0.395	0.619	0.507
白俄罗斯	非欧盟	0.423	0.583	0.503
卡塔尔	西亚北非	0.448	0.547	0.497
克罗地亚	欧　盟	0.447	0.542	0.494

续　表

国　家	地　区	创新投资	经济发展	发展机遇
巴基斯坦	南　亚	0.430	0.556	0.493
乌兹别克斯坦	中　亚	0.450	0.530	0.490
巴　林	西亚北非	0.355	0.596	0.476
拉脱维亚	欧　盟	0.391	0.555	0.473
阿塞拜疆	非欧盟	0.390	0.543	0.466
斯里兰卡	南　亚	0.404	0.524	0.464
蒙　古	东　亚	0.379	0.527	0.453
摩尔多瓦	非欧盟	0.351	0.553	0.452
约　旦	西亚北非	0.350	0.549	0.450
伊拉克	西亚北非	0.360	0.539	0.450
格鲁吉亚	非欧盟	0.414	0.469	0.442
亚美尼亚	非欧盟	0.360	0.505	0.433
缅　甸	东南亚	0.254	0.607	0.430
尼泊尔	南　亚	0.268	0.577	0.423
波　黑	非欧盟	0.318	0.526	0.422
伊　朗	西亚北非	0.514	0.296	0.405
柬埔寨	东南亚	0.235	0.556	0.395
阿尔巴尼亚	非欧盟	0.255	0.528	0.392
吉尔吉斯斯坦	中　亚	0.333	0.445	0.389
文　莱	东南亚	0.311	0.460	0.386
马其顿	非欧盟	0.252	0.499	0.376
阿富汗	南　亚	0.222	0.509	0.365
黑　山	非欧盟	0.313	0.413	0.363
塔吉克斯坦	中　亚	0.211	0.481	0.346
老　挝	东南亚	0.138	0.540	0.339
土库曼斯坦	中　亚	0.000	0.624	0.312
不　丹	南　亚	0.103	0.379	0.241
也　门	西亚北非	0.102	0.276	0.189
马尔代夫	南　亚	0.000	0.345	0.173
黎巴嫩	西亚北非	0.000	0.336	0.168
叙利亚	西亚北非	0.113	0.000	0.057

注:欧盟与非欧盟为中东欧国家的细分。

（一）创新投资

从创新投资角度来看,各区域从强到弱依次为东亚、欧盟成员、东南亚、西亚北非、非欧盟成员、中亚和南亚。创新投资不仅体现了区域或者国家的经济活跃程度,也反映了对数字产业及相关产业发展的推动力。

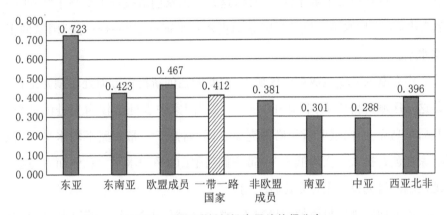

图7.1 分区域创新投资平均值得分表

东亚地区韩国、中国、日本的创新投资在"一带一路"国家中处于遥遥领先的地位。无论是新企业创办,还是创新研发投入,这三个国家的规模和质量都是"一带一路"国家一流水平,从而使区域的平均分值远高于其他区域。另一个国家蒙古的创新投资水平则相对比较落后,低于"一带一路"国家创新投资的平均水平。

欧盟12个成员国创新投资与东亚相比具有一定差距,但领先于其他"一带一路"区域,这些国家的特点是比较均衡。捷克、波兰、匈牙利三国排名前三,拉脱维亚、立陶宛、保加利亚三国相对落后。

东南亚地区创新投资平均水平低于东亚和中东欧地区,但略高于"一带一路"国家的平均水平。其中,新加坡、泰国和越南三国创新投资水平最高的,印度尼西亚和马来西亚水平相当,处于平均水平。其余各国的投资创新水平相对较低。总体而言,东南亚区域国家之间的创新投资存在一定的差异,但相比于后面几组,其差异还不算很悬殊。

西亚北非地区的创新投资水平在"一带一路"国家中接近于平均水平,其国家之间的差异是各组中最大的。这其中既有创新投入可排最强之列的国家以色列,又有最落后的黎巴嫩和也门这类国家。土耳其、阿联酋、伊朗和沙特在创新投资上处于同一层次,这几个国家创新投资水平高于"一带一路"国家的平均水平。但其他国家的投资水平远低于"一带一路"国家的平均水平。

中东欧的非欧盟成员国区域中,俄罗斯在创新投资方面处于领先地位,是这一区域的科创大国,其在"一带一路"国家中也处于较为先进的地位。其后是乌克兰、白俄罗斯和格鲁克亚三国,略高于一带一路平均水平,其他国家在创新投入方面均低于"一带一路"国家的平均水平。总体而言,这一地区国家科创投入上算是比较平均。

南亚地区创新投资的差异很大,整个区域低于"一带一路"国家的平均水平较多。在这一地区,印度是创新投资程度相对最高的国家,在"一带一路"国家中接近俄罗斯的水平。巴基斯坦、孟加拉国在南亚地区投资创新低于印度,在"一带一路"国家的平均水平左右。其他南亚国家的创新投资水平非常低。

中亚地区创新投资水平位列"一带一路"国家的最后。在这一区域中,哈萨克斯坦和乌兹别克斯坦的创新投资高于"一带一路"国家的平均水平,土库曼斯坦的科创水平在"一带一路"国家排名最后列。

(二)经济发展

基于本研究所选择的指标,既有反映总量的 GDP,也有反映经济活力的增长指标,通过综合两方面,对不同区域的经济发展进行考察。经济发展既是科技创新发展的结果,也反过来吸引数字技术的投资。比较不同区域之间的差异如图所示,可以看出东亚,其次是东南亚、欧盟成员、非欧盟成员、南亚、中亚、西亚北非。

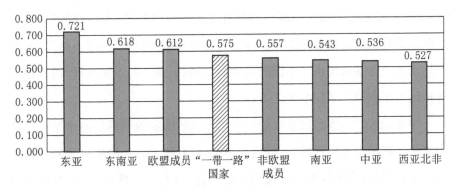

图 7.2 经济发展指标的区域平均分差异

东亚区域中、日、韩三国的经济增长具有强大的活力,因此在区域中排名前三。中、日经济的规模位列全球第二和第三,在经济增长率方面,中国排名也在前十之列。而受到商情影响,日本、韩国的经济增长率并不高,分别仅有 1.89％和－1.03％。由于日本、韩国的数字化基础建设水平已经较高,因此其数字化投资的潜力主要体现在应用方面。经济增长表现突出的有塔吉克斯坦、孟加拉两国,增长率达到 7.0％和 6.09％。

受益于欧盟一体化的市场和技术政策援助,欧盟成员国的经济发展潜力略低于东南亚国家,但高于"一带一路"国家平均水平。罗马尼亚、匈牙利、塞尔维亚和立陶宛的经济发展得分相对较高,克罗地亚和拉脱维亚的发展低于平均值。

东南亚地区的整体经济发展状况在"一带一路"国家中属于中高水平,是世界经济最为活跃的区域之一。印度尼西亚、越南、新加坡、菲律宾在数字化方面发展潜力较大。新加坡是东南亚国家中的发达经济体,但由于规模较小,其经济发展得分处于中游。

非欧盟成员国的经济发展潜力处于"一带一路"国家平均水平之下。从排名看,乌克兰和俄罗斯的经济是这一区域的领先者。但是随着冲突的爆发,双方经济均陷入了困境。

南亚地区的经济发展潜力属于"一带一路"国家的中等偏下水平。南亚地区印度、孟加拉国和巴基斯坦均拥有庞大的人口基础,人口结构年轻化,因此经济发展潜力被普遍看好。印度和孟加拉遥遥领先"一带一路"国家的平均水平。巴基斯坦由于本国政局动荡,影响了经济的正常发展,而其他南亚地区国家则位于平均水平之下。

中亚地区的整体经济发展处于"一带一路"国家的较落后的水平。中亚国家的国家国土面积辽阔,人口规模不小,具有较大的经济增长空间。但市场转型过程中,均面临不同程度的挑战。比较而言,土库曼斯坦、哈萨克斯坦、乌兹别克斯坦数字化增长潜力最大,其他两个国家的经济对数字化的潜力均处在"一带一路"国家的平均水平以下。

西亚北非地区的经济发展潜力在"一带一路"国家中处于垫底的水平。中东国家中国内局势不稳定的国家经济状况不佳,而人均 GDP 较高的国家,以石油工业为主,经济增长速度不高,因此经济推动数字化的潜力不大。埃及、阿联酋、以色列、沙特、科威特是这一地区国家中经济推动数字化潜力最大的国家,其他国家普遍处于"一带一路"国家中平均水平以下。

二、"一带一路"国家的发展潜力

综合创新投资和经济发展对数字化推动的潜力,从经济的数字化发展机遇来看,各区域发展潜力从大到小依次为东亚、东南亚、南亚、中东欧、中亚和中东(参见表 7.7)。

表 7.7 "一带一路"国家发展机遇排名

国　家	创新投资	经济发展	发展机遇
中　国	2	1	1
韩　国	1	9	2
日　本	4	3	3
以色列	3	12	4
印　度	7	6	5
俄罗斯	5	16	6

续　表

国　　家	创新投资	经济发展	发展机遇
埃　　及	21	2	7
泰　　国	8	13	8
波　　兰	11	8	9
新加坡	6	22	10
乌克兰	17	5	11
越　　南	12	11	12
阿联酋	13	7	13
印度尼西亚	15	10	14
捷　　克	10	19	15
马来西亚	14	20	16
罗马尼亚	20	14	17
土耳其	9	32	18
沙　　特	19	18	19
匈牙利	16	23	20
菲律宾	23	17	21
孟加拉国	42	4	22
科威特	37	15	23
斯洛伐克	25	27	24
斯洛文尼亚	22	35	25
哈萨克斯坦	27	30	26
塞尔维亚	31	26	27
保加利亚	34	25	28
爱沙尼亚	29	36	29
立陶宛	35	29	30
阿　　曼	38	24	31
白俄罗斯	32	33	32
卡塔尔	26	42	33
克罗地亚	28	44	34
巴基斯坦	30	37	35
乌兹别克斯坦	24	47	36
巴　　林	45	31	37
拉脱维亚	39	39	38
阿塞拜疆	40	43	39
斯里兰卡	36	51	40
蒙　　古	41	49	41

续　表

国　家	创新投资	经济发展	发展机遇
摩尔多瓦	46	40	42
约　旦	47	41	43
伊拉克	43	46	44
格鲁吉亚	33	56	45
亚美尼亚	44	53	46
缅　甸	54	28	47
尼泊尔	52	34	48
波　黑	49	50	49
伊　朗	18	63	50
柬埔寨	56	38	51
阿尔巴尼亚	53	48	52
吉尔吉斯斯坦	48	58	53
文　莱	51	57	54
北马其顿	55	54	55
阿富汗	57	52	56
黑　山	50	59	57
塔吉克斯坦	58	55	58
老　挝	59	45	59
土库曼斯坦	63	21	60
不　丹	61	60	61
也　门	62	64	62
马尔代夫	64	61	63
黎巴嫩	65	62	64
叙利亚	60	65	65

东亚中韩日三国数字发展潜力排名前四,我们对这一指标的追踪发现,这一格局已经维持了多年。中国无论是经济的规模还是经济增长速度都位于"一带一路"国家的前列,与经济规模和增长相应的投资和创新为数字化发展提供了巨大的空间。日本、韩国都是发达经济体,数字经济的规模大,这方面的投资和创新为各产业提供了创新发展动力。而蒙古数字化潜力属于"一带一路"国家中的平均水平之下。

东南亚地区是国家之间数字化潜力相对均衡的区域,前 20 名中有 5 个国家:泰国、新加坡、越南、印度尼西亚、马来西亚。新加坡虽然经济发达,但其国家面积比较小,经济总量比不上幅员更加辽阔的国家。此外,新加坡数字化程度也已经很高,各大数字公司都重点布局,本土竞争非常激烈,因此就数字化合作方面,新加坡经济对数字化的潜力反而并不是很高。其他东南亚地区国家也具有较好的数字化潜力和机遇。

中东欧欧盟成员国家整体数字化发展的机遇与潜力处于"一带一路"国家的中偏上的位置。波兰、捷克、罗马尼亚和匈牙利位于前20,其他国家均位于前40以内,整体上数字经济发展比较均衡。这总体上得益于欧盟的数字一体化政策。

就目前而言,俄罗斯是中东欧非欧盟成员国家中数字化发展机遇与潜力最大的国家,排名第6。但是由于近年来欧美的强烈制裁,未来五年,俄罗斯将面临前所未有的困难。乌克兰也是类似的情况。其他国家在数字经济发展均处于弱势的位置,发展潜力都偏小。

西亚北非地区的数字化发展机遇与潜力是"一带一路"国家中差异最为明显的地区之一。其中有以色列这样的数字强国,也有黎巴嫩、也门、叙利亚这样的最为落后的国家。中东地区有些国家内部宗教之间隔阂很深,存在不稳定的因素,这妨碍了其正常的数字经济发展。另一些国家则已经具有较好经济条件和数字化水平,发展潜力较大,该国政府也明显意识到数字经济的重要性,制订了很多相关政策,如阿联酋、沙特等国。

南亚地区国家之间数字化机遇与潜力相差较大。其中数字化机遇最好的印度。印度的特点与中国相似,具有庞大的网民基数,数字经济发展非常迅猛,这使其经济发展前景为各国所看好。其次巴基斯坦、孟加拉国也是人口大国,能够为数字化带来经济上的规模优势。南亚地区其他国家的经济发展在"一带一路"国家属于平均水平之下,具备一定的潜力。

中亚地区的发展机遇和潜力是"一带一路"国家中差异最落后的地区之一。中亚国家的经济发展和创新投资在"一带一路"国家中都处于平均水平之下。在中亚国家中,乌兹别克斯坦和土库曼斯坦的数字化发展的机遇处于平均水平左右,其他国家的发展潜力目前还都比较有限。

三、"一带一路"国家数字化发展机遇

"一带一路"倡导国际合作交流,首先是经济和资源之间的相互合作和交流。在此基础上,推进数字化合作的科创机遇是广泛存在的。

本章提出,中国数字化合作可以发生在不同类型的国家之间。对于那些经济社会发展具有机遇,而数字化水平并不高的国家,因其迫切需要用数字技能来助力经济发展,甚至赶超;对于经济社会具有发展潜力,但数字化水平已然很高的国家,尽管数字化基础良好,民众对数字创新的接受度较高,有进一步将其深化应用的动力。对于经济社会和数字化水平均较为落后的国家,受限于发展经济的思路较为落后,引入数字化发展需要有足够的动力,可以让其借鉴中国的数字化发展经验。

比较"一带一路"国家的数字化现状和数字化发展潜力与机遇之间的关系,可以帮助了解"一带一路"国家中更加亟须数字化投资建设的国家,对于"一带一路"国家之间数字化的投资方向和合作领域更具有针对性。以数字化状况作为纵坐标,以数字化发展机遇为横坐标,数据可视化见图7.3。

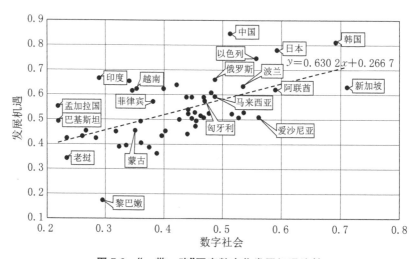

图 7.3 "一带一路"国家数字化发展机遇比较

　　"一带一路"国家按照数字化发展机遇可以分为四类国家。

　　第一类国家是在图中右上方的区域,包括中国、韩国、日本、以色列、俄罗斯、波兰、新加坡等 15 个国家,分布在"一带一路"的各个区域。这些国家共同的特点是经济水平和数字化水平在"一带一路"国家属于较高的水平。由于经济相对发达,科技发展水平较高,对数字化的投资需求较高。这类国家已经感受到数字化带来的红利,市场对于数字创新抱欢迎态度,积极将新的数字技术应用于各个领域。在"数字一带一路"的合作中,可以合作的领域非常广泛,包括数字基础研究、应用创新、数字科技园区、智慧城市等。当然此类国家在国际上也存在着激烈的竞争,比如中国与日本在东南亚的竞争,中国的手机厂商与韩国在世界各地的市场争夺。

　　第二类国家是在图中右下区域,是指数字社会发展良好,但发展潜力偏弱的国家,包括斯洛文尼亚、斯洛伐克、哈萨克斯坦、塞尔维亚、爱沙尼亚、白俄罗斯等 14 个国家,主要分布在中东欧和中亚。此类国家多属于转型国家,主要特点是经济发展的规模并不大,增速也不高,但数字化仍有一定的发展空间,创新投资的潜力有一定空间。由经济发展带来的数字化投资发展空间有限。由于人口规模不大,这类国家重视数字化水平的投入和提升,除了自身经济社会的进步发展,也需要具有引擎作用的国家的拉动作用,是"一带一路"国家中可以共同合作、协同发展、挖掘潜力的伙伴国家。

　　第三类国家是在图中左上的区域,包括了印度、埃及、泰国、乌克兰、越南、印度尼西亚、菲律宾、孟加拉国等 8 个国家。这类国家基本上都是具有一定的经济规模,且人口众多的发展中国。这类国家经济发展、创新投资都具有较大的潜力,经济增长率在"一带一路"国家中也是较高的。数字化水平在"一带一路"国家中则并不是很高,仍有进一步提升的空间。但随着经济的增长,这类国家认识到可以借助于数字化实现跃迁式增长,对数字化需求非常旺盛。这类国家是"一带一路"国家中数字化投资合作等最主要的国家,也是目前数字市场上竞争最为激烈的国家。

第四类国家包括了巴基斯坦、乌兹别克斯坦、蒙古、缅甸、尼泊尔、伊朗、老挝、黎巴嫩等 17 个国家。这类国家的数字化和社会经济发展水平均比较低,属于世界最不发达的国家。其共同的特点是国内的政治局势不稳或社会相对封闭,经济发展处于起步阶段,工业化水平比较低,投资受到压制,数字化的需求受到了限制。在与此类国家开展合作时,需要从基础设施着手,让其认识到信息流通的益处。

从中国的角度分析与"一带一路"国家的数字化合作前景,中国数字化的优势在于制造业的优势,产业完整,技术的比较优势。在数字化基础建设方面,中国具有国际竞争优势。"输出"数字化基础建设能力,将是中国与"一带一路"国家数字化合作交流的重要方面。以上第三类国家的数字化需求更加符合中国的数字化供给侧能力,因此与此类国家的合作是非常重要的。

基于数字化现状的四个方面和数字化发展机遇的两个方面,分别分析印度、巴基斯坦、孟加拉国、土耳其、乌兹别克斯坦、印度尼西亚的情况,并总结与这类国家的数字化合作的重点和方向。

印度数字化的亮点在于社会应用程度相对较高,经济发展潜力较大,这为数字化发展奠定了良好的基础,提供了发展的动力。近年来,印度数字经济发展较快,对经济发展起到了良好的促进作用。但由于印度的创新投资不足,而产业发展的供给能力也有限。数字基础设施仍相对落后,社会的智能化终端设备使用仍有待进一步渗透。中国手机制造商在印度得到快速的发展,这充分表明双方在数字领域具有合作潜力。由于中印存在外交和军事的冲突,使得双方信任感不强。在民族主义者的影响下,印度政府借口国家安全等原因,多次对中国企业下达禁令,导致中国企业在印度面临一定的风险。双方的合作面临不确定性,需要加强互信。

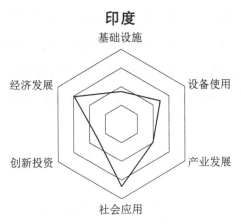

图 7.4 印度数字化发展机遇雷达图

　　巴基斯坦创新投资比较欠缺,并且信息相关产业也并不发达,因此可以预测未来对数字化发展并不能实现本土的有效供给。巴基斯坦的经济发展情况相对较好,并且社会应用和设备使用情况也很好,而基础设施比较薄弱,说明巴基斯坦基础设施如果得到加强,将有效推动数字化水平的提高。虽然巴基斯坦官方对中国的投资抱欢迎态度,但是,由于巴基斯坦内部政治局势不稳定,存在一些地方武装势力,产生了一些专门针对中国企业的敌对行为,乃至恐怖袭击。这给中巴合作带来了较大的不确定性。

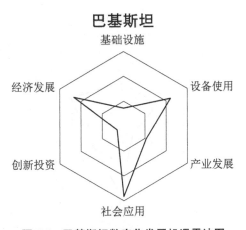

图 7.5 巴基斯坦数字化发展机遇雷达图

孟加拉国的优势在于经济发展、基础设施和设备使用,创新投资、社会应用和产业发展相对薄弱。孟加拉国的数字化也不能完全由本土有效供给,但孟加拉国的数字化主要在于社会应用,也就是政府机构和商业领域。与孟加拉国的数字化合作存在于数字化基础设施、商业开发、电子政府领域。

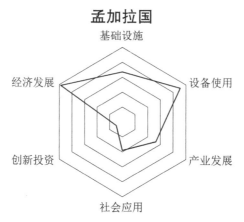

图 7.6 孟加拉国数字化发展机遇雷达图

作为一个重要的西亚大国,土耳其近年来的经济发展表现不佳。GDP自 2013 年以后,就一路下滑,进入衰退的轨道。其在创新投资、产业发展及

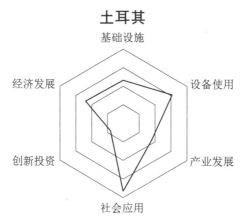

图 7.7 土耳其数字化发展机遇雷达图

基础设施相对落后。但在数字设备的使用和社会应用领域尚可。土耳其的数字化发展主要在于经济发展不足,社会投资的欠缺,造成缺乏对数字化进一步发展的推动力。与土耳其的数字合作发展存在较广阔的合作空间。

乌兹别克斯坦的经济发展对数字化发展具有推动作用。创新投资和产业发展的不足将导致本土数字化供给的不足,而乌兹别克斯坦的社会应用、设备使用具有很好的水准,因此与乌兹别克斯坦在信息服务和产品方面的合作将具备一定的空间。再加上乌兹别克斯坦的基础设施水平仍然需要提升,数字化建设也具备合作的潜力。

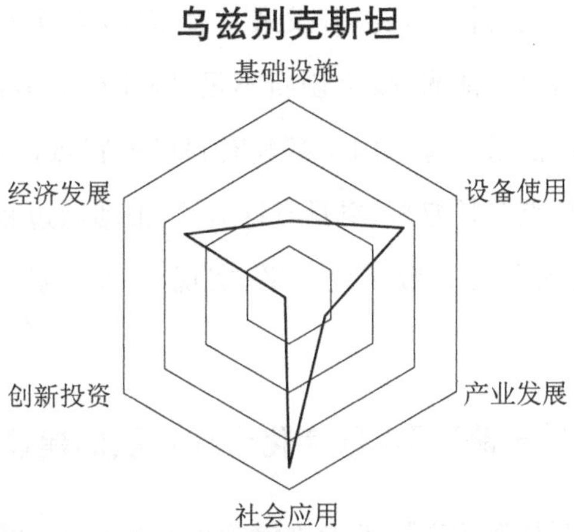

乌兹别克斯坦

图 7.8 乌兹别克斯坦数字化发展机遇雷达图

印度尼西亚数字化的主要动力来自经济的发展。社会应用、设备使用具有的优势表明印度尼西亚的社会数字化普及率非常好,国民的数字化素养较好。印度尼西亚的产业发展也有一定优势,能够支撑数字化的发展。信息基础设施比较薄弱,投资创新又不足,因此随着经济的发展,信息基础设施也有进一步提升的需求。因此与印度尼西亚在信息基础设施方面的投资合作将具有良好的前景。

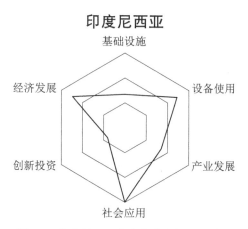

图 7.9　印度尼西亚数字化发展机遇雷达图

　　这些国家的共同的特点是经济发展具有空间,能够为数字化带来发展的空间。基础设施比较薄弱,投资创新不足,因此在资本合作,基础建设方面具有广阔的合作前景。每个国家都具有自己的特点,与这些国家的合作也需要根据这些特点扬长避短,更具有针对性,带动周边和区域其他国家的数字化发展,才能有效提升数字化水平,实现"一带一路"国家整体水平的提高。

四、中国与"一带一路"国家数字化合作发展的建议

　　上述评估主要从经济和技术发展潜力的角度出发,更多关注于各国数字化合作机会和收益。但对于中国而言,对外合作还应该考虑到其他重要的因素,如各国的政治风险、市场成熟度和法律因素,以及地理和文化邻近度等。

　　从上述几大区域看,东南亚、东亚国家与中国一直以来外交关系比较紧密,总体经济发展水平与中国相近,市场成熟度和法律相对健全,地理和文化邻近度最高,是中国推进"一带一路"建设的基本面。因此,可以预料在未来较长一段时间内,都将是中国企业走出去的重点区域。

中亚和西亚国家是中国通往欧洲的重要通道。中亚国家很多是上海合作组织的成员,与中国外交关系良好。但是经济发展速度上与中国存在一定的差距,文化上存在较大的差异,存在合作空间,但需要增强政府层面的互信。这首先需要从经济和文化上进一步加强融合。西亚国家为中国和世界发展提供石油的核心区域,中国是其最重要的客户之一,因此在数字经济合作上存在广泛的基础;但这一区域同时也是各大国角逐的场所,且内部存在纷争,政局存在高度不确定性,存在合作风险。

中东欧国家在向市场经济转型,尤其在一些国家加入欧盟之后,实现了不同程度的经济上的飞跃,迈入了中等发达国家行列。它们所处的阶段,正是需要通过科技创新来驱动发展的阶段。基于上述分析,其创新合作潜力仅次于东南亚国家。对中国正是如此,它们的产权法律制度较为规范,与中国只是存在地理和文化上的差异,可以作为科创合作的重要开发之地。但与它们的合作无法绕开欧盟。因此与它们的合作,需要在欧盟的统一合作框架之下开展。

南亚国家多数属于数字经济不发达的国家,但根据上述排名结果,我们发现中国与其合作有较大的潜力。尤其是印度、巴基斯坦、孟加拉国均为上亿的人口大国。虽然中印之间存在一定的竞争,印度一直对"一带一路"抱有戒备之心,但是并不影响两国以企业、科研机构为主体的科创方面的合作。这从前述中国数字企业大量进入印度市场并取得了骄人业绩可以看得出。

此外,各类国际组织对各国的评估之中,联合国的《人类发展报告》、世界银行《营商环境》报告,以及透明国际对各国腐败指数的排名等,都很值得参考。

(一)数字化基础设施建设与经济合作相结合

数字化基础设施建设与经济发展水平具有密切的相关关系。只有经济发展了,才会有数字化发展的需求。"一带一路"国家中数字化落后的国家都是经济发展落后的国家。但数字技术的发展,可以为此类国家提供赶超的机会。很多落后地区通过通信网络的建议,快速进入移动互联网时代。通过与外部世界的信息沟通和知识的传播,人民的素质可以得到更快的提升。经济发展才能与之合作进行数字化基础设施建设。因此数字化基础设施建设需要与经济合作发展紧密结合。以经济合作发展带动数字化基础设施建设,以数字化基础设施建设推动经济发展。

(二)重点与具有发展机遇的国家进行数字化合作

基于上述分析,本书的研究发现"一带一路"数字化发展最大的机遇在于俄罗斯、印度、土耳其、印度尼西亚、巴基斯坦、孟加拉国、乌兹别克斯坦等国。这些国家在经济上已经具有良好的基础,对数字化也非常重视。这些国家都是具有人口规模,国土面积广大的优点,具有规模优势。另外,这些国家数字化的发展可能带动周边国家的数字化发展。因此无论是国家间的合作,还是企业间的投资贸易,优先与这些国家合作更能获得成效。

(三)数字化应用推广与基础设施建设相结合

与"一带一路"国家进行数字化发展合作,不应局限于基础设施建设。电子政府、电子商务等数字化应用领域也应与基础设施建设同步进行国际间的合作发展。

智慧城市正是这样一个领域,其主要支柱包括智能和可持续解决方案、智能规划以及智能基础设施和技术,中国科技企业在国内智慧城市建设已经积累起多年的经验,可以积极参与"一带一路"各大城市的智慧城市建设之中。

以阿联酋为例,为了摆脱对石油的依赖,阿联酋对智慧城市项目进行了大量投资,目标是从头开始建设智慧城市并改善现有城市的基础设施。其主要优势包括高 4G 网络覆盖率和智能手机普及率(分别占人口的 96% 和82%)、强大的知识产权保护和强大的网络安全。迪拜智慧城市计划包括提供更高效的政府服务、按需交通、非接触式支付和移动应用程序的新方法,让市民和游客更容易找到地点和信息。自 2013 年 10 月以来,迪拜当局承担了将迪拜转变为智慧城市的使命,其创新集中在六个关键领域:交通、通信、基础设施、电力、经济服务和城市规划。2021 年 10 月,迪拜无纸化战略帮助政府实现了 98％以上的政府交易数字化。这方面,美国企业如亚马逊、微软等已经有深度参与。中国企业如果能够参与到这种具有区域或世界影响力的城市的建设,对于企业品牌建设无疑是具有极大的帮助。

2018 年 7 月 8 日,东盟推出智慧城市网络(ASCN)的目标,有 26 个主要城市参与其中,以促进智慧城市联合发展、促进与私营部门的可融资项目以及获得东盟外部合作伙伴的资金和支持。当年年底,美国就建立了美国-东盟智慧城市伙伴关系(USASCP),美国国务院、商务部和交通部、国家科学基金会、USAID、美国农业部等部门启动了 20 个项目,以帮助改善东盟智慧城市网络(ASCN)中城市的交通、水和资源再利用以及卫生系统能力。这种借助政府力量推动本国数字企业的拓宽,值得中国借鉴。

第八章
中国推进"数字一带一路"科创合作典型案例分析

前一章基于若干指标对"一带一路"国家的数字社会发展和合作潜力进行了评估,本章将从两个方面:一是从国家的视角,选择典型国家开展数字科创合作的机遇和挑战;二是从中国企业的视角,分析典型企业在主要市场拓展所面临的机遇和挑战。综合这两方面,讨论中国推进"数字一带一路"的实践,从中获得实施"数字一带一路"的若干启示。

第一节　典型"一带一路"国家数字经济发展及合作机遇[①]

由前面章节的分析可知,"一带一路"国家数字经济存在明显的不均衡性和鸿沟,其中既有像新加坡、以色列、爱沙尼亚这样数字化水平名列全球前列的国家,也有很多仍处于最不发达之列。这种数字鸿沟既充满挑战性,更蕴含着巨大的发展机遇,需要在全球和区域经济一体化的框架内建立全新的合作关系,实现互利共赢。

---

① 本章部分内容发表在《人民日报》,王振、赵付春、王滢波:《发展数字经济　点亮创新之路》,《人民日报》,2017 年 5 月 22 日(22 版),有修订。

　　国内学者探讨了中国与"一带一路"沿线国家在数字领域的合作,涉及合作的现状、机遇和挑战分析,以及未来的路径选择等。此类研究通常可分为三类:首先是一般性分析,即"数字丝路"的概念探讨,中国应如何推动"数字丝路"的合作策略(张文静,2020;任天威,2020)。第二类为专门针对特定国家双边的合作,如中巴(李哲旭,2021)、中越(金丹、杜方鑫,2020)、中乌(郭晓婷,2020)等。第三类为分区域探讨,如中国与东盟(任玉娜,2020;赵静,2021)、阿拉伯国家(郭晓莹、周军,2021)、中亚(王海燕,2020)、拉美(楼项飞,2019)、非洲(黄玉沛,2019)合作策略。

表 8.1　国内对"数字一带一路"合作的研究

国别	合作重点	挑　战	来　源
中巴	中国在巴基斯坦开展信息网络基础设施建设、跨境电子商务、数字金融、数字人才	国内政治、经济、安全及第三方影响	李哲旭(2021)
中阿	中阿互信关系、战略相容、有借鉴意义	基础设施、人才、安全、政治风险	郭晓莹、周军(2021)
中国-东盟	顶层设计、差异化合作、企业主体、数字基础设施、规则标准制订共建数字基础设施、促进数字消费、本地化发展、完善相关监管体系,防范衍生的政治风险	数字合作顶层设计有待完善,跨境物流与支付体系、数字经济发展水平不平衡、信息基础设施建设水平、多国对华科技施压、数字科研能力不强	赵静(2021)、任玉娜(2020)
澜湄区域	总体上需要消弭数字鸿沟,重点:战略规划、基础设施、跨境电商对接	经济、数字方面的短板、域外大国影响	邢伟(2021)
中亚国家	数字基础设施、跨境电商、人才培养、良好双边关系、多层合作机制、数字技术创新、数字化转型、社会责任	基础设施、数字治理规则和监管差异、人才不足、产业垄断、安全风险、多国竞争、投资环境复杂	王海燕(2020)、郭晓婷(2020)

　　以下选择中东欧、中东和东南亚三个区域数字经济发展较快的三个代表性国家,探讨中国与其开展数字经济合作的机遇。

一、中东欧数字经济的佼佼者:爱沙尼亚

20世纪90年代以来,很多中东欧国家都经历了从计划经济向市场经济的转变,作为转轨国家,它们的数字经济基础得益于欧盟的统一数据规划。欧盟通过一揽子数字一体化的规划,帮助这些国家迅速提升其数字化水平。今天中东欧国家的总体数字经济发展水平已经接近于西北欧水平。

爱沙尼亚是其中最具代表性的国家之一。根据欧盟数字经济与社会指数报告(2021年),该国在欧盟28国中排名第7,超过很多西欧发达国家,如德国和法国。最为突出的是,爱沙尼亚在数字公共服务方面在欧盟排名第1。近年来,电子政务用户占比缓慢上升,占全国互联网用户总数的89%。爱沙尼亚在使用预填表格的用户数量方面得分为97(满分100),远高于欧盟平均水平(63)。

新冠疫情发生之后,爱沙尼亚电子政府的优势凸显,政府服务基本没有受到冲击。同时,爱沙尼亚推出"恢复和弹性计划"(Recover Resilience Plan),预算达2.08亿欧元,用于数字化目标,占政府总预算的21.5%。这一计划对数字化转型的贡献集中在两个优先事项上:(1)公共服务的数字化和进一步现代化,预算为9 743万欧元,占46.8%;(2)企业的数字化转型,预算7 600万欧元。此外还包括用以改善该国更偏远地区的宽带接入(约2 400万欧元)和支持数字技能发展的行动(1 000万欧元)。

爱沙尼亚是欧洲在新科技公司增长最快的国家之一,ICT部门及其对爱沙尼亚的重要性不断增加。基于经合组织(OECD,2015)的统计,爱沙尼亚ICT部门占总增加值的比例排名较为靠前。

过去几年来,爱沙尼亚ICT公司的蓬勃发展,初创公司的增长率稳定在20%—30%,ICT行业对整个经济贡献率达到了惊人的30%。2019年,爱沙尼亚共有6 000多家ICT公司,无论是按收入、员工数量还是投资额,均位列前茅。2020年,ICT公司从国内外筹集到了创纪录的4.5亿欧元,共产

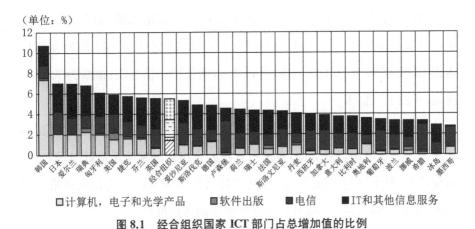

（单位：%）

图 8.1 经合组织国家 ICT 部门占总增加值的比例

资料来源：OECD, 2015。

生了累计九家独角兽公司①，爱沙尼亚每百万人拥有 6.9 只独角兽，人均独角兽数量居世界领先地位。根据爱沙尼亚创业者协会（Estonian Founders Society）的数据，2020 年爱沙尼亚科技公司的总营业额为 10 亿美元——相当于爱沙尼亚整个农业部门的规模。

表 8.2 爱沙尼亚 ICT 部门的发展 （单位：亿欧元）

项　　目	2010 年	2012 年	2014 年	2016 年	2018 年	2020 年
就业人数（人）	15 585	18 858	21 356	21 635	25 727	31 561
收　　入	20.83	33.03	36.86	34.59	35.20	41.93
总利润	0.22	0.20	0.18	0.13	0.14	0.19
净增加值	50.44	59.81	65.54	68.33	87.77	119.17
出　　口	—	—	5.15	6.12	9.17	12.87
进　　口	—	—	2.92	3.16	4.69	5.86
贸易平衡值	—	—	2.23	2.96	4.47	7.01

数据来源：爱沙尼亚统计局。

① 爱沙尼亚在线身份认证公司 Veriff 达到 15 亿美元的估值，成为继 Skype、Playtech、Wise、Bolt、Pipedrive、Zego、ID. me 和 Gelato 之后的第九家爱沙尼亚独角兽。https://www.sorainen.com/deals/veriff-raises-usd-100-million，访问时间：2023 年 6 月 9 日。

爱沙尼亚 ICT 部门的竞争力还体现在其日益增长的出口方面,2014年,ICT 部门的出口额为 5.15 亿欧元,盈余为 2.23 亿欧元。到 2020 年出口达到 12.87 亿欧元,占总出口额的 10.1%,增长了一倍有余;盈余为 7.01 亿欧元,增长了三倍多。

爱沙尼亚的连接度在欧盟排名不高,但其无线宽带渗透率处于高位,达到 96.9%。在电信资费方面,爱沙尼亚在经合组织国家处于最低水平之列,从每月 13 美元到 15 美元不等,远低于经合组织国家的平均接入宽带价格 26.84 美元。但是其 5G 部署方面处于欧盟的落后地位。

欧盟"数字社会经济指数报告 2021"提出爱沙尼亚的另一项优势是人力资源(排名第 5),居民数字技能水平较高。从普及率看,爱沙尼亚十岁以上的学生有 80% 接入互联网,这与北欧国家相接近,高于其他欧盟国家。

就业方面,爱沙尼亚推出了专门的教育项目,"志在 ICT"试点计划(Select ICT)鼓励有抱负的青年学生选择信息通信技术作为其职业,同时吸引其他行业的有才华和有能力的人尝试学编程。有三分之二的毕业生转行成为初级软件工程师。辅之以专门的"数字议程 2020",通过促进信息和通信技术的发展和研究,显著提高了数字高等教育的质量。爱沙尼亚正在建设的信息和通信技术(ICT)专业库显示,2020 年 ICT 专业人士达到就业人口的 6.5%,大大超过欧盟平均值 4.3%。

爱沙尼亚在线购物的比例不算太高,但是增长非常快,这种趋势预期会持续下去。智能移动设备的快速扩散导致越来越多的个人通过其移动设备购买产品。

2021 年 10 月,爱沙尼亚拟订了《数字议程 2030》,由企业家和信息技术部长主持的数字社会发展计划指导小组指导和协调,关注于创造一个有利 ICT 利用和开发智慧解决方案的环境,最终增加经济竞争力、人民福利和公共部门的效率。其主要目标分为三个方面：①数字国家发展、国家网络安全和传输连接。

为了实现数字国家发展的子目标，为数字国家的下一个发展飞跃计划了活动，确保数字国家的功能，爱沙尼亚计划投入 9 743 万欧元进一步推进已经高度数字化的公共管理。其中近一半（47%）旨在进一步实现行政和公共服务的数字化水平。在传输连接领域，将采取措施发展监管空间、接入网络和移动基础设施，并支持创新内容和商业服务的发展。在网络安全领域，重点是实现国家组织现代化，建设分析风险和影响的能力，提高确保网络安全的能力。

因此，爱沙尼亚在数字经济发展的合作机遇存在于三个方面。

1. ICT 基础设施合作建设，以 5G 推动经济增长，实现更智能的服务。

2020 年，爱沙尼亚的连通性在欧盟排名第 18 位。爱沙尼亚在固定超高容量网络（VHCN）和下一代接入（NGA）网络中的覆盖率在 2020 年大幅增长；2020 年 VHCN 覆盖率为 71%（欧盟为 59%）。固定和移动宽带的使用率都很高，分别为 83%（欧盟为 77%）和 75%（欧盟为 71%）。然而，高速服务的使用率仍然很低，只有 0.01% 的家庭订阅了 1 Gbps 服务（欧盟为 1.3%）。

为此爱沙尼亚提出宽带基础设施网络（EstWin）项目并取得了显著的进展。2020 年 1 月，该项目已在农村地区和居民不足 10 000 人的定居点成功铺设了约 7 000 公里的光纤回程网络。

爱沙尼亚 4G 覆盖率达到 99.9%，但在提供 5G 商业服务方面仍然落后，主要是因为尚未分配 5G 运行所需的所有频谱资源。2021 年通过的"2030 年数字议程"，明确了实现"千兆社会"的目标。

---

① Ministry of Economic Affairs and Communications, Digital Agenda 2020 for Estonia, 2014, http://digital-skills-jobs.europa.eu/en/actions/national-initiatives/national-strategies/estonia-digital-agenda-estonia-2022，访问时间：2023 年 6 月 9 日。

2018 年,隶属于爱沙尼亚国有能源集团 Eesti Energia 的 Elektrilevi 赢得了"白色区域"(未覆盖的区域)连接 40 016 个地址的公共采购,国家将为此投入 2 000 万欧元。根据相关条款,Eletrilevi 宽带网络应满足:(1)具有 1 Gbps 下载的技术能力;(2)建造时间最长为 5 年;(3)每个家庭/企业连接费用贡献不超过 200 欧元。

在 5G 方面,2020 年 9 月,爱沙尼亚与波兰、拉脱维亚和立陶宛共同签署了关于"通过波罗的海——北方计划"的谅解备忘录,该计划以进一步发展 5G 连接为基本目标,开发一条实验性的 5G 跨境走廊。2020 年 11 月一个财团起草的报告中,列出以下领域的 5G 服务需求:数字文化;互联自动化移动;活力;智慧社区;环境;内部安全;工业和农业。

2. ICT 技能提升合作,提高国际竞争力和提高生活质量。

使所有爱沙尼亚人都有足够的 ICT 技能和知识(包括意识)来提高其健康和生活质量,同时力求实现更高的就业,特别是具有较高附加值和更高国际竞争力的就业机会。

爱沙尼亚"恢复和弹性计划"支持爱沙尼亚人获得数字技能的措施,包括:

● 培训公司管理人员(尤其是中小企业),以提高他们的 ICT 技能和知识,并提高他们对发展和保持其 ICT 专家技能的重要性的认识;

● ICT 专家培训的内容调整和组织,主要是新型数字技术发展、网络安全。

通过在各级学校加强 ICT 教育,对没有上网的成人进行针对性培训,提升广大民众对信息社会的可能性和潜在威胁的意识,具体措施包括:提高数字素养,改善个人信息安全,发展较高级的 ICT 技能。

3. 合作促进更智慧的治理和公共行政。

根据欧盟(EU)的要求,各国人口的 20% 应在 2020 年之前使用数字签名,以加快业务运作并促进个人事务的管理。爱沙尼亚在"数字议程 2030"

定下的目标包括数字政府、数字连接和网络安全。

在数据量不断增加和广泛的数据交叉使用的情况下，更好地控制使用个人数据将有助于人们应对特定隐私的损失。爱沙尼亚将提供技术和组织条件，确保人们总是知道并能够决定谁在何时以及为了什么目的在公共部门使用其个人数据。

特别值得指出的是，在建设以人为本的数字政府方面，涉及了八个方面：一是制定并实施相关的风险管理措施，以确保数字解决方案的可靠性和以人为本，并管理对基本权利的影响。二是提高人们和公众对以人为中心的数字政府和技术可靠性的认识。三是介绍了在政府门户中获得由政府持有的所有数据的完整概览的机会。四是在全国范围内引入知情同意服务，并将其扩展到包括企业家的数据。五是发展爱沙尼亚的网络法律，以确保数字政府以人为本和数字解决方案的可靠性，并促进新技术的快速引进，造福社会。六是提高数字服务的所有者和创建者开发和提供以人为本的可靠数字解决方案的能力。七是在全国范围内采用个人数据使用监控器，并将其扩展到包括企业家的数据。八是塑造欧盟和其他国际活动，促进国家之间（个人）数据的跨境和全球交换，以使人们能够在国际条约框架内更好地控制其数据，促进合作并确保全球开发和使用以人为本的可靠技术。

4. 基于电子爱沙尼亚的国际合作。

爱沙尼亚"数字议程 2030"高度重视国际合作方面。具体行动有三条：一是以知识交流为目的参与经合组织和数字政府的合作，并与处在数字政府发展前沿的国家发起联合倡议。二是根据数字政府的发展需要，参与欧盟和北欧国家的合作、政策制定和立法等形式。重点是促进跨境互操作性并确保通用解决方案与数字政府架构的兼容性。三是在必要和可能的情况下，通过分享其在电子治理方面的经验，促进信息社会的基础理念，如互联网自由，隐私保护等。支持爱沙尼亚 IT 部门出口数字政府解决方案，以及在商务外交领域派出国家级权威，与其他国家分享专业知识。

在发挥对外影响方面,爱沙尼亚的 B2B(企业对企业)服务和产品的主要出口市场在欧洲和美国。而 B2G(企业对政府)主要面向非洲和中东国家,这些国家正在经历类似于爱沙尼亚在 20 世纪 90 年代的转型,因此是爱沙尼亚合作的重点。

二、中东数字强国的代表:阿拉伯联合酋长国

阿拉伯联合酋长国(简称"阿联酋")以其战略位置、世界一流的基础设施、强大的连通性、友好的商业环境和不断增加的文化资产,成为中东和北非地区领先的国际贸易和商业中心,也是信息通信技术(ICT)行业的重要港湾,其中,数字经济所占份额约为 18%,数字社会发展水平在"一带一路"国家的排名第 4。

为了减少对石油收入的依赖并发展私营部门,阿联酋政府先后提出"阿布扎比 2030 年经济愿景"和"阿联酋 2021 年愿景"两大倡议,着手建立具有竞争力的知识经济,并建立一个开放、高效、有效和全球一体化的商业环境,以促进知识经济的发展。在数字技术领域,阿联酋先后推出多个战略,例如"愿景 2021""统一数字平台政策""国家网络安全战略"等 10 多个战略。其中"区块链战略 2021"提出了到 2021 年将 50% 的政府交易转移到区块链上的目标。而"人工智能战略"侧重于改善政府活动在特定领域,包括技术、交通、健康、教育、水、可再生能源和环境。

在产业推进上,阿联酋政府先后建立了"迪拜互联网城"(1999 年)、"迪拜硅绿洲"(Dubai Silicon Oasis,2005)等多个自贸区,专门从事 ICT 产业,成为高科技和创新产业集聚区。在自贸区内,企业可持续享有 100% 的进出口税豁免、100% 的资本和利润补贴,以及 50 年的企业税豁免。这些贸易壁垒最小化的举措使阿联酋,特别是迪拜,成为跨国公司在中东和北非企业设立区域总部的首选地。与此同时,它还推动了各部门对 IT 软件和服务的需求,包括医疗保健、航天、航空、航天和国防、交通、零售、金融服务、酒店、

制造业和房地产行业等。

　　一直以来,阿联酋政府在数字化方面投入可谓不遗余力,阿联酋电信和数字政府监管局于 2008 年设立了 ICT 基金。该基金的主要职责是将资金分配给发展阿联酋在信息和通信技术领域能力的项目。直到 2014 年,ICT 基金在包括教育和空间技术在内的信息和通信技术领域的各种项目中投资了超过 16 亿迪拉姆(相当于 4.36 亿美元)。截至 2021 年末,阿联酋计划利用区块链技术完成政府 50% 的交易,这将节约 110 亿迪拉姆(约合 30 亿美元)的成本。

　　2001 年,阿联酋推出了其首个电子服务——eDirham 卡——作为政府和非政府服务的一种支付方式。2018 年推出的 SmartPass 系统则是阿联酋第一个国家数字身份和签名解决方案,为各类政府服务和部委的运营创建了一个数字框架。它不仅能使用户能够通过基于智能手机的身份验证向政府服务提供商证明自己的身份,还能够以高度安全的方式对文档进行数字签名。

　　阿联酋国家数字化转型委员会于 2020 年发布"国家数字政府战略 2025",其主要目标是建立广泛的跨部门政治承诺和支持,以将数字方面嵌入政府整体战略,包括了八个维度的内容。

　　(1) 普遍服务:注意包容性、可访问性、问责制,关注弱势群体。

　　(2) 有韧性的服务:利用新兴技术来建立预测灾难和危机的能力,以便能够主动应对。

　　(3) 适应数字时代:促进跨部门和跨部委的协调与合作,确定国家优先事项并让相关利益攸关方参与阿联酋的数字议程。

　　(4) 用户驱动:政府更多地以用户为导向,强调默认参与的概念。将人们的需求和便利放在制定流程、服务和政策的中心,并采用包容性机制。

　　(5) 数字化设计:建立明确的组织领导以及有效的协调和执行机制。所有政策流程都必须嵌入"数字"作为强制性变革元素。

（6）数据驱动：通过将数据应用于公共政策的规划、交付和监控，将数据作为创造公共价值的关键战略资产进行治理，并采用规则和道德原则，使其可信赖和安全地重复使用。

（7）默认开放：默认向公众提供政府各类数据，开放政策制定流程（包括算法）以供参与。

（8）主动性：政府部门可主动预测人们的需求并迅速响应的能力，以便用户就不必参与繁琐的数据和服务交付过程。

阿联酋数字政府战略的目标和优先事项包括提供世界一流的数字基础设施；提供统一的数字平台和通用的数字使能器；实现基于客户需求设计的集成、简单和快速的数字服务；提高数字能力和技能水平；立法准备以确保顺利和全面的数字化转型；提高政府工作效率等。

阿联酋私营和公共部门的参与者正在寻求通过采用最先进的数字解决方案，把握广泛的全球创新、数据利用、数字化转型和技术进步浪潮来实现转型。根据国际商业监测（Business Monitor International，BMI）的数据，阿联酋软件和服务部门在云计算、智能服务和网络安全等领域进行了大量投资。预计IT支出将在2020—2023年期间增长6.5%，达到82亿美元。软件和服务需求将在中期内推动IT支出增长，尤其是大型行业对云计算、数据分析、网络安全和物联网解决方案的需求。随着市场向企业和商业领域的高端超级用户和工作站购买倾斜，硬件部分也将出现稳健的增长。数字技术上的发展，很多要依赖于外部的支持，因而提供了较多的科创合作机会。

1. 云计算

阿联酋是中东最大的数据中心枢纽之一，正在计划建立更多数据中心。预计到2026年，此方面额外投资高达10亿美元。2019年，微软在迪拜和阿布扎比推出了两个云区域。2021年，亚马逊网络服务宣布了在阿联酋建立新数据中心区域的计划。新区域将由三个可用区组成，并将于2022年上半年开放。

考虑到阿联酋政府在云计算方面呈指数级增长的投资、具有竞争力的商业法律以及强大的技术基础设施,预计该行业将在未来几年继续扩张。阿联酋的公共云托管通过高度专业化的解决方案有效地解决了资源和专业知识的瓶颈。这方面,国外先进的云计算企业会有较大的合作空间。

2. 网络安全

阿联酋在能源、石油和天然气以及航空业的地缘政治地位和对世界经济的重要性使之容易成为网络攻击的目标,这从客观上推动网络安全市场的快速增长。为了保护关键数据基础设施,提升国家网络安全,阿联酋政府引入了"阿联酋信息保障标准",这是一套针对关键部门政府实体的指导指南。阿联酋所有被确定为关键基础设施的政府组织和企业都必须遵守这些标准。一些本地企业一直在开发网络安全能力以利用不断增长的需求,而国际 IT 安全公司正在扩大其在该国的业务。

2017 年 9 月,迪拜政府启动的"迪拜网络安全战略"涉及五个主要领域:成为网络智能国家(提升公众意识)、通过研究进行创新、用户网络安全(保密和隐私)、网络弹性(保持不间断 IT 系统的可用性)以及网络空间领域的国际合作。这些发展举措推动了对网络安全的需求,为国外 IT 安全公司提供许多合作机会。

3. 物联网

物联网(IoT)包括智能服务、工业互联网和机器对机器通信。公共部门有智慧城市和远程医疗的应用,企业应用包括智能计量、资产跟踪和生产优化。阿联酋已成为部署物联网解决方案以增强公共基础设施的全球领先地点,尤其是在迪拜,其目标是成为领先的智慧城市。ICT、电力、交通、基础设施、医疗保健和政府等多个领域的合作奠定了基础。由于阿联酋政府对开发物联网的高度兴趣,2020 年,物联网支出超过 370 亿美元,复合年增长率为 31%。电信领先企业 Etisalat 宣布,与阿联酋当局合作,它正计划将物联网引入阿联酋市场。

4. 人工智能

人工智能(AI)是阿联酋的优先事项。预计到 2030 年,人工智能将发挥作用,为国家 GDP 贡献近 14%(960 亿美元),预计 2018 年至 2030 年间人工智能对阿联酋经济的贡献年增长率将达到 33.5%。作为政府的阿联酋百年 2071 计划的一部分,阿联酋推出了 2031 年人工智能战略,以提高交通、卫生、空间、可再生能源、水、技术、教育、环境和交通部门的效率。为了实现这一目标,阿联酋最近任命了第一任人工智能部长。阿联酋已经开始将人工智能与教育、医疗保健、航天、交通和航空等行业相结合。人工智能是阿联酋政府实现经济多元化并成为知识经济的雄心勃勃计划的关键部分。海湾国家之间争夺最新和最尖端的技术,特别是在人工智能领域,为美国提供了一个巨大的市场。企业具有比较优势。

三、东南亚数字经济的代表:马来西亚

东南亚和东亚所组成的亚太地区已经成为世界经济的重心之一,但是不同国家之间的差距也相当明显,一些国家如新加坡的数字经济已经成为世界前列,另一些国家仍然处于相当落后的状态。本书以近年来数字经济快速发展的马来西亚为例,说明这一区域数字经济发展的情况。

马来西亚是亚太地区数字经济发展最为活跃的国家之一,根据该国统计局数据,2018 年其数字经济占 GDP 比重达到 18.5%,[1]是"一带一路"国家中数字经济发展水平和增长速度均位于前列的国家。

与新加坡类似,马来西亚发展了一个以跨国公司技术产品制造和出口为基础的工业部门——电子产品,尤其是半导体,占出口的 40%;其次是汽

---

[1] 马来西亚统计局. MALAYSIA DIGITAL ECONOMY 2020 newsletter, https://www.dosm.gov.my/v1/uploads/files/6_Newsletter/Newsletter%202020/DOSM_BPP_4-2020_Series-26.pdf,访问时间:2023 年 6 月 9 日。

车和零部件。尤其重要的是,1996 年,马来西亚提出多媒体超级走廊 (MSC)计划,对电信基础设施进行了大量投资,算是其数字经济的源头。经 合组织(OECD,2013)曾对马来西亚和中国在出口产业的显性比较优势 (Revealed Comparative Advantage)进行了比较,发现马来西亚在无线电、 电视和通信、橡胶、塑料、计算机等产业具有比较优势。

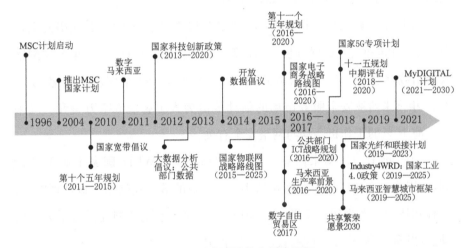

图 8.2　马来西亚数字经济历程

注:MSC 指多媒体超级走廊。

资料来源:《马来西亚数字经济蓝图》(2021 年),略有更新。

从数字经济发展指标看,马来西亚家庭移动互联网普及率从 2011 年的 19.8% 跃迁式提升到 2020 年的 86.6%。[①]智能电话普及率为 91.3% (2018 年),4G 普及率为 70.2%。宽带速度为 81.46 Mb/s(2020 年),排名全 球第 40 位。ICT 行业是马来西亚市场上增长最快的行业之一,目前占该国 国内生产总值(2019 年)的 19.1%,预计到 2025 年将达到 22.6%。

2017 年,马来西亚电子商务市场价值达到 4 478 亿林吉特(约 1 030 亿

---

① https://www.statista.com/statistics/975011/malaysia-mobile-phone-internet-user-penetration/,访问 时间:2023 年 6 月 9 日。

美元),其渗透率在东南亚排名第 3,40%的交易为跨境交易。

根据全球数据市场机会预测(Global Data Market Opportunity Forecasts)的一份报告,由于马来西亚数字技术普及率和云计算的快速增长,到 2023 年,马来西亚的 ICT 支出将达到 252 亿美元。其最主要增长领域包括云计算、数据分析、存储、网络安全、业务流程外包和移动互联,在预测期内复合年增长率(CAGR)最高达到 21%。

马来西亚领先的 ICT 领域是网络安全和数据系统集成,其网络安全行业包括了物联网、大数据分析、云计算和人工智能。根据 2018 年全球网络安全指数,全球网络安全承诺方面,马来西亚在 193 个国家中排名第 3。2021 年马来西亚安全服务市场的估计价值为人工智能 637 万美元。马来西亚前 10%的工作机会均与网络安全有关。①

2018 年 10 月,马来西亚政府提出"Industry4WRD:国家工业 4.0"计划,用以指导未来十年中制造业和相关服务业的数字化转型。该计划以人、流程和技术三者为转型要素,为国内企业实现数字化转型提供五个方面的动能:融资、基础设施、管制、技能和人才、技术。

2021 年,马来西亚政府(GOM)全面启动"MyDIGITAL 计划",将其作为指引 2030 年前加强国家数字经济的综合方案。该计划的提出将马来西亚转变为数字驱动的高收入国家和数字经济区域领导者。其所提出的《马来西亚数字经济蓝图》,包括六大战略重点,制定了 22 项战略、48 项国家举措和 28 项部门举措,分三个实施阶段:第一阶段(2021—2022 年)的重点是加强数字采用的基础;第二阶段(2023—2025 年)旨在推动包容性数字化转型;第三阶段(2026—2030 年)的目标是使马来西亚成为区域市场的数字内容和网络安全领导者。②

---

① https://www.trade.gov/country-commercial-guides/malaysia-information-communications-technology,访问时间:2023 年 6 月 9 日。

② https://www.malaysia.gov.my/portal/content/31187,访问时间:2023 年 6 月 9 日。

"MyDIGITAL 计划"包含了四个关键的数字基础设施项目,这些项目将通过公私合作伙伴关系实施,具有财务和技术能力的私人合作伙伴可以通过资本和技能注入作出贡献,也给国际数字合作者带来了较大的商机。这四个重点项目如下:(1)通过国家数字网络(JENDELA)项目在五年内投资 50.6 亿美元,以加强现有的连通性。(2)多家电信公司将投资 3 900 万美元,以加强与国际海底电缆网络的连接,直至 2023 年。(3)10 年内将投资 35.7 亿美元用于在全国实施 5G,预计将创造大约 105 000 个就业机会。(4)云服务提供商(CSP)公司将在未来五年内投资 2.85 至 35.7 亿美元,用于增加数据存储空间、降低运营成本和提高分析效率。

第二节　中国企业的"数字一带一路"实践

2016 年,"一带一路"国家七项核心基础设施领域(公用事业、交通、电信、社会、建设、能源和环境)的项目与交易约 4 940 亿美元,其中,中国占总量的三分之一。[①]近年来,由于国内外的形势变化,包括疫情的影响,中国大陆企业海外并购交易数量逐年下滑,尤其是国有企业的海外并购之路下降明显(参见图 8.3)。2021 年发生的 9 宗超 1 亿美元对外并购中,"一带一路"国家仅有两例。这一趋势亟须引起关注。

"数字一带一路"倡议首先是数字基础设施的合作。这方面,中国数字企业早就开始布局。近年来,华为公司在海外受到美国的全面压制,在其曾经最大的欧洲市场上承受了前所未有的打压。但由于长期的深耕,在中东地区仍受到阿联酋、沙特多国的青睐。在这一地区,华为云目前提供超过 220 项服务,拥有 19 个数据中心、200 多家本地合作伙伴和 80 多个市场产品。

---

① 引自普华永道:《中国与一带一路基础设施——中东欧交通基础设施篇》。

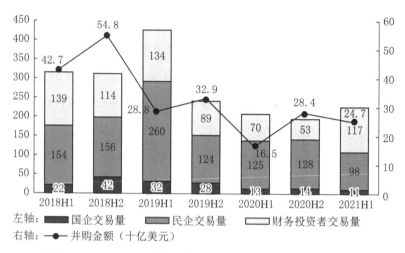

图 8.3　2018—2021 年中国内地企业海外并购交易数量及金额

数据来源：2021 年上半年中国企业并购市场现状分析，https://www.huaon.com/channel/trend/763714.html，访问时间：2023 年 6 月 9 日。

早在 2018 年，华为公司与科威特移动电信运营商 VIVA 签署了一份 5G 商用合同，拟在科威特率先打造中东地区首个超过千站规模的 5G 商用网。2019 年，华为与阿联酋最大的电信运营商埃提萨拉特电信公司（Etisalat）共同部署 "5G" 网络，建立 600 个 "5G" 站点，实现大部分地区的 "5G" 网络覆盖。2020 年 4 月，华为公司与阿曼技术和通信部签署合作谅解备忘录，双方将加快在人工智能、电子云和 "5G" 等领域合作。华为帮助土耳其、印度尼西亚、德国等多个国家超过 1 500 家医院提升数字化水平，实现智慧医疗服务，为患者提供更好的就医体验。华为 AI 辅助诊断解决方案帮助意大利、厄瓜多尔、菲律宾等多个国家的医疗机构进行病毒诊断检疫，快速精准识别新冠肺炎患者的病症情况，精准评估患者的治疗效果，诊断效率比人工操作提升 5 倍，为全球抗疫作出积极贡献。

随着 "碳中和" 成为许多中东国家的发展议程，2021 年，华为推出了数字能源业务，通过融合数字技术和电力电子技术，以发展清洁能源，并帮助传统能源部门建设更绿色的未来，在多个国家得到应用推广。

作为信息通信应用的关键组成部分,中国手机企业在全球的市场份额日益增加。2021 年,在全球前 5 大手机企业中,中国品牌已占据 3 席。尽管三星和苹果占据了前两位,中国的小米、OPPO、VIVO 合计市场份额已经近三分之一,增长率均达 20% 以上。

表 8.3　2021 年全球智能手机销售量　　　　　　　　（单位:千部）

供应商	2021 销量	2021 市场份额	2020 销量	2020 市场份额	同比增长
三星	272 327	19.0%	253 025	18.7%	7.6%
苹果	239 239	16.7%	199 847	14.8%	19.7%
小米	189 305	13.2%	145 802	10.8%	29.8%
OPPO	138 242	9.6%	111 785	8.3%	23.7%
VIVO	136 011	9.5%	107 388	7.9%	26.7%
其他	458 733	32.0%	533 988	39.5%	−14.1%
合计	**1 433 859**	**100.0%**	**1 351 836**	**100.0%**	**6.0%**

数据来源:Gartner,2022。

与手机发展相伴随,中国的软件企业在快速融入国际市场。根据谷歌发布的《2021 移动应用全球化指南》显示,2011 年到 2021 年上半年,中国厂商在 Top1000 全球应用下载量中的占比从 8% 升至 14%。[1]2021 年 12 月 22 日,美国网络安全公司 Cloudflar 的数据显示,TikTok 一举超越谷歌,成为 2021 年全球访问量最大的互联网网站。[2]

值得注意的是中国的手游行业。中国游戏海外市场实际营销收入在 2020 年达 155 亿美元,较 2014 年的 31 亿美元增长了 4 倍。2021 年上半年营收已达 85 亿美元,占全球市场的 23.4%,位居全球首位。[3]

---

[1]　https://www.cifnews.com/article/110584,访问时间:2023 年 6 月 9 日。

[2]　https://blog.cloudflare.com/popular-domains-year-in-review-2021,访问时间:2023 年 6 月 9 日。

[3]　https://news.cnstock.com/news,bwkx-202112-4797984.htm,访问时间:2023 年 6 月。2022 年行业监管和市场原因,游戏收入有较大下滑。

一、中国企业与东南亚的发展和合作

东南亚是全球经济最为活跃的区域之一。如前所述,在数字经济方面,各国发展较为不平衡,但是各国政府都高度重视数字经济的发展,陆续出台了相应的规划和战略。在区域层面,近年来,东盟成员国家陆续制订了本国的数字经济发展规划,并于 2019 年 1 月签署了《东盟电子商务协议》和《东盟数字融合框架》,为"数字丝绸之路"与东盟建立整体性政策对接奠定了基础。

表 8.4 东盟成员国数字经济出台的发展规划一览

国　家	战略名称	时　间	说　明
新加坡	RIE2025(研究、创新和企业)	2021 年	包含智慧国家和数字经济
泰　国	泰国 4.0	2021 年	基于数字驱动
马来西亚	马来西亚数字经济蓝图 MyDigital 2021—2030	2021 年	
印度尼西亚	印尼数字路线图 2021—2024	2020 年	
越　南	国家数字转型远景规划 2025	2021 年	提出 2030 年愿景
文　莱	文莱 2035	2014 年	
老　挝	国家数字经济发展战略十年规划 2021—2030	2021 年	2021 年成立技术和通信部

资料来源:作者整理。

中国与东盟有着长期的经贸往来和合作关系。在政府层面已经形成多个合作。2017 年 12 月,中国与老挝、泰国等国共同发起《"一带一路"数字经济国际合作倡议》,致力于实现互联互通的"数字丝绸之路"。

2018 年被称为"中国-东盟创新年"。当年 11 月在新加坡举行的第 21 次中国-东盟(10+1)领导人会议上,双方通过了《中国-东盟战略伙伴关系 2030 年愿景》,对接《东盟互联互通总体规划 2025》与"数字丝绸之路"建设的重点领域,同时发表《中国-东盟科技创新合作联合声明》。

2019 年 11 月,中国与东盟领导人发表了《中国-东盟关于"一带一路"倡议与"东盟互联互通总体规划 2025"对接合作的联合声明》《中国-东盟智慧城市合作倡议领导人声明》《深化中国-东盟媒体交流合作的联合声明》等三份合作文件,进一步深化和明确了双方在数字经济领域合作的重点和方向。

2020 年是"中国-东盟数字经济合作年"。当年 11 月,中国国家主席在中国-东盟建立对话关系 30 周年纪念峰会上表示,要尽早启动中国-东盟自贸区 3.0 版建设,提升贸易和投资自由化便利化水平,拓展数字经济、绿色经济等新领域合作。2021 年 11 月,中国启动科技创新提升计划,向东盟提供 1 000 项先进适用技术,未来 5 年支持 300 名东盟青年科学家来华交流。12 月,中国-东盟科技创新部长特别会议发布《中国-东盟建设面向未来更加紧密的科技创新伙伴关系行动计划(2021—2025)》。2022 年 1 月 1 日,《区域全面经济伙伴关系协定》(RCEP)正式生效,将双方的合作提升到一个新的高度。

中国-东盟"一带一路"数字经济合作由先前的信息基础设施建设、跨境电商,后拓展至智慧城市、网络安全、人工智能等多个领域,涵盖了基础设施、平台建设、市场拓展和数字内容等方面,合作领域和规模逐年扩大。仅2019 年上半年,中国对东盟科技领域的投资达到 25 亿美元,超过 2017 年全年投资额。在中国-东盟科技伙伴计划框架下,中国与东盟各国共同启动国家联合实验室建设。至 2021 年,与柬埔寨、印度尼西亚、老挝、马来西亚、缅甸、泰国建立 10 家国家级双边联合实验室平台,涉及铁路、能源、生物、海洋等重点领域。在科技园区与创新创业合作方面,中国与泰国、菲律宾、印度尼西亚均共建了多个园区,如中马"两国双园"、中泰"两国四园"、中国·印尼经贸合作区二期等国际产能合作平台,①借助这些平台,共同促进科技型

---

① 中马双园,即中马钦州产业园区与中马关丹产业园区;中泰四园,即中泰(崇左)产业园区、泰国泰中罗勇工业园、泰国暹罗东方工业园、泰国莫拉限经济特区。中国·印尼经贸合作区是中国在印尼设立的第一个集工业生产、仓储物流、贸易为一体的国家级境外经贸合作区,也是广西在境外设立的第一个境外经贸合作窗园区。合作区成立于 2008 年,位于印尼首都大雅加达地区,处于雅加达东部的工业长廊——雅万经济带的中心地区,由广西农垦集团有限责任公司承建。

企业发展和支持青年创新创业。

　　除了政府部级对话机制外,中国-东盟商务理事会等行业组织、企业、智库间多层次和多渠道的合作机制也正加快建立和完善。需要强调的是,除了中国与东盟及其成员国建立多边和双边合作机制外,中国还创新其他合作机制,如 2018 年 5 月,中日两国政府签署了《关于中日第三方市场合作的备忘录》,在第三方市场开展合作,其中大部分项目均布局在东盟地区。中日已将泰国东部经济走廊(Eastern Economic Corridor,简称 EEC)确定为两国第三方合作的发轫之地。①

　　政府层面的合作关系为企业开拓"数字一带一路"奠定了良好的基础,东盟普遍对中国企业抱持欢迎态度。东南亚人口基数大,文化与中国相近,中国数字经济发展模式在这里更容易被接受。随着这些国家移动互联网得到普及,中国企业拥有的先发优势日益突显。在东南亚,Mainspring 是"东南亚版今日头条",Hermo 是"东南亚版聚美优品",印度尼西亚的独角兽企业 Go-Jek 是"摩托车版滴滴",还有大量 App 模仿淘宝和京东的运营模式。

　　中国科技公司深度融入东盟各国的市场之中。如华为在马来西亚网络安全组织(CSM)、运营商 Celcom 共同建设网络安全测试实验室(My 5G),旨在提升国家的网络安全能力,为 5G 部署作准备。与泰国国家网络安全局(NCSA)合作,组织 600 多名专业人才参与泰国网络安全人才竞赛(Cyber Top Talent),助力本地网络安全储备人才选拔;华为还将协助 NCSA 建设培训专用 e-lab,为本地组织和人才提供深入的网络安全技术和标准培训。在新加坡,华为入选网络安全局(CSA)的网络安全合作伙伴计划,作为该计划的"倡导者"之一,华为将与 CSA 在产品和服务开发、社区外展活动等方面开展深入合作,进一步提升本地企业和公众的网络安全意识,推广网络安全最佳实践。

---

① http://www.tfd-factory.com/zh/privilege/eastern-economic-corridor-eec,访问时间:2023 年 6 月 9 日。

　　跨境电商是中国数字巨头拥有优势的领域,是带动其他很多企业出海的重要平台。过去 5 年,东南亚已全球电子商务增长最快的地区之一。2020 年,东南亚日均电商订单数超过 500 万,电商活跃用户增长至 1.5 亿人,电商规模达 740 亿美元;2021 年电商规模超 1 200 亿美元,同比增长 62%。

　　以阿里巴巴为例,"一带一路"国家已经成为其战略发展重点。2015 年,阿里云在新加坡建立国际总部,2016 年,在迪拜设立中东市场上首个专业的本地公共云数据中心——阿里云中东(迪拜)数据中心。此后在印度尼西亚、菲律宾、马来西亚、泰国等国家共设立 10 个本地数据中心,升级海外团队的组织结构,设立国家经理制度,2021 年东南亚市场的营收增长超 60%。为此,阿里巴巴宣布未来三年还将向海外投入 60 亿元,用于扩建基础设施和建立产业生态。

　　2017 年阿里巴巴与马来西亚合作在吉隆坡建立国际物流基础设施 e-Hub,双方将联手在马来西亚打造中国以外的第一个 eWTP"试验区",该试验区将成为物流、支付、通关、数据一体化的数字中枢,帮助大马中小企出口,搭建中小企参与全球贸易所需的基础设施,包括电子商务、物流、云计算、移动支付以及科技人才培训等。2020 年 11 月,阿里菜鸟 eWTP 数字枢纽正式运行,其面积超过 24 万平方米,其中物流仓储区域超过 10 万平方米。这将帮助马来西亚成为高增长性的区域物流中心,带来本地化的 24 小时配送和跨境 72 小时配送,助力中小企业贸易。

　　阿里巴巴运营的 Lazada 是东南亚领先且快速增长的电子商务平台,为当地消费者连接到东南亚中小企业、当地及国际品牌。根据公司年报公布的数据,在截至 2021 年 3 月 31 日的 12 个月期间,Lazada 帮助消费者触达品类丰富多样的产品,服务超过 1 亿名年度活跃消费者。Lazada 运营的电子商务物流网络成为东南亚区域头部企业之一。

　　此外,马来西亚、印度尼西亚的多家头部电商与阿里云达成合作,并在其技术支持下开始举办类似中国"双 11"的促销活动;零售商如印度尼西亚咖啡品牌 Kopi Kenangan、马来西亚最大电器连锁品牌 Senheng 等,通过与阿里的合作,开始应用新零售模式应对冲疫情带来的冲击。

除了商业上的合作,阿里云还与当地政府、高校、企业等合作,举办人才、企业培育培训或进行科技研发,例如在新加坡与南洋理工大学成立联合研究院进行 AI 研究,在马来西亚设立首个创新中心等。

2019 年以来,尽管受到新冠肺炎疫情大流行的影响,中国和东南亚国家联盟(ASEAN)仍见证了强劲的贸易增长。2020 年,中国-东盟双边贸易额达到 3.79 万亿元人民币(约合 5 716.4 亿美元),占中国对外贸易的比重为 14.6%,同比增长 7%。

二、中国企业与中东国家的数字发展与合作

数字经济正在全球范围实现快速的发展,根据华为与理德(2021)的评估,阿拉伯国家数字经济对 GDP 的平均贡献约为 4%。其中沙特阿拉伯的表现最高,达到 6.4%,而阿曼(2.1%)和巴基斯坦(1%)的表现明显落后。

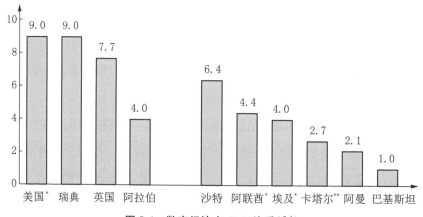

图 8.4　数字经济占 GDP 比重(%)

注:＊2019 年数据,＊＊2017 年数据。
资料来源:Author D. Little analysis。

与美国和瑞典的 9％和英国的 7.7％相比,有显著改进的潜力。①

　　近年来,几乎所有的中东国家都专门推出了数字化战略,具体如表 8.5 所示。

表 8.5　部分中东国家数字化战略一览

国　　家	战略名称	时　　间	说　明
约　　旦	约旦国家数字化转型战略(2021—2025)	2021	—
以色列	"数字以色列"国家倡议	2013 以来	持续更新
巴基斯坦	数字巴基斯坦政策:愿景和实施	2018 以来	持续更新
卡塔尔	数字政府战略 2026	2020	—
阿联酋	数字经济战略	2022	—
巴　　林	通信、信息技术和数字经济战略 2022—2026	2022	—
	ICT 部门战略 2023	2019	
沙特阿拉伯	数字化转型战略第三次行动计划(2020—2024)	2020	—
伊　　朗	国家数字战略 2020—2025	2020	—
阿　　曼	电子阿曼 2030(e.Oma 2030)	2008 以来	持续更新

资料来源:作者整理。

　　中国互联网企业在中东国家建立数据中心将加速"互联网＋"创新在中东地区落地和商业运营。

　　中东是华为公司最重要的海外市场之一。2017 年,华为为中东非洲区域 70％的人口提供通信服务,覆盖了中东非洲区域 98％的区域。华为在阿联酋的迪拜建立开放实验室(Open Lab),以"平台＋生态"的方式对中东区域的客户与合作伙伴提供服务。华为和阿联酋国家网络安全委员会(CSC)深入合作,积极参与本地网络安全生态建设,推动区域网络安全意识

---

① Huawei and Arthur. D. Little, Special Report: Digital Growth Opportunities in UAE, Pakistan, and Oman, January 2021.这一报告中的"中东国家"包括阿富汗、巴林、伊拉克、约旦、科威特、黎巴嫩、阿曼、巴基斯坦、卡塔尔、沙特阿拉伯、叙利亚、阿联酋和也门等 13 个国家。而一般认为"中东国家"包括 18 国,还包括以色列、巴基斯坦、埃及、塞浦路斯、伊朗、土耳其、阿富汗和巴基斯坦等"大中东"范围内的国家。

和能力的提升。CSC 为华为颁发了"年度网络安全公司奖"和"年度网络安全 CEO 奖"。

在绿色应用方面,迪拜水电局子公司 MoroHub 携手华为,建设中东非洲最大的 100%太阳能供电的绿色数据中心,设计总规模为 18 MW。通过采用华为预制模块化数据中心解决方案,5 天半完成第一期工程 1.8 MW 的吊装,创造了中东数据中心建设速度新纪录。在沙特阿拉伯,红海项目是列入沙特"2030 愿景"的重点项目,也是迄今为止全球最大的微网储能项目,华为向其提供光储整体解决方案,包括 1 300 MWh 储能、400 MWp 光伏等。该项目建成后将可满足百万人口的能源需求,红海新城将成为全球首个 100%光储供能城市。①

另一家中国科技巨头阿里巴巴在中东也逐年加大投入力度。阿里巴巴在阿联酋迪拜启动"科技城"项目将"作为来自中国、中东和世界其他地区企业的孵化器",能容纳 3 000 多家高科技公司入驻,极大地推动了阿联酋在数字和人工智能等方面的技术水平。2018 年,阿里云与哈利法科技大学联合成立清洁能源人工智能联合创新实验室("The Lab"),加强了两家公司在能源和计算机科学领域的科研合作。双方计划将实验室打造成为清洁能源解决方案的创新中心,专注于人工智能支持的地下能源生产和加工、机器学习支持的清洁能源材料开发以及人工智能/云计算驱动的智能可再生能源系统三个研究主题。

此外,近年来还有很多中国科技巨头和初创公司与阿联酋签署了协议,以推动人工智能在教育、交通、金融、治理和其他领域的应用。如中国人工智能独角兽 UBTech Robotics 与阿布扎比资本集团旗下的 Royal Strategic Partners 签署了一项价值 3.624 亿美元的协议,为阿联酋的学生加强人工智能教学实验室。另一家中国人工智能先驱商汤科技集团有限公司也在阿联

---

① 选自华为 2021 年报。

酋首都阿布扎比设立了一个枢纽,作为其在欧洲、中东和非洲扩张的区域研发中心。

　　TikTok这家新兴公司在全球迅速崛起,成为近年来成长最快的科技公司之一。其在中东国家的渗透率非常之高,已经与社交媒体脸书(Facebook,现更名Meta)不相伯仲。基于Datareportal网站2022年统计数据,两家公司在中东部分国家渗透率情况如图8.5所示。

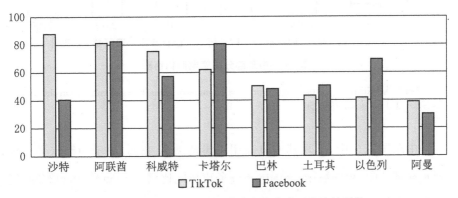

图 8.5　TikTok、FaceBook 在中东国家渗透率比较(%)

注:Facebook用13岁以上人群;TikTok用18岁以上,故TikTok有所低估。
资料来源:https://datareportal.com/。

　　由于受到购物文化、支付习惯和物流设施等因素影响,互联网渗透率的提升并没有相应带来电商市场的增长,2021年中东零售电商占总零售额的比重为11%,[①]线下零售仍居于主导地位。随着中东各国鼓励数字经济的政策相继出台,跨境电商对中东市场的投入和本土电商的成长,中东电商市场发展较快。从2015年到2020年,海湾国家的电子商务销售额估计约为4倍,成为全球电商发展最快的地区之一。在2015年和2020年的利润分别达到创纪录的50亿美元和200亿美元。

---

① https://www.go-gulf.ae/e-commerce-in-middle-east-statistics-and-trends/,访问时间:2023年6月9日。

（单位：十亿美元）

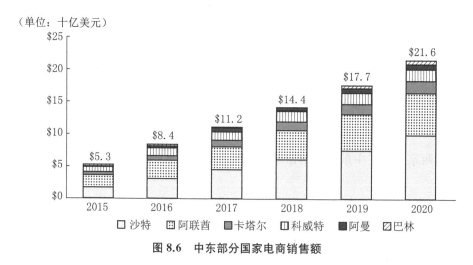

图8.6　中东部分国家电商销售额

资料来源：Kearney，https://www.practicalecommerce.com/charts-ecommerce-in-the-middle-east-stats-and-outlook，访问时间：2023年6月9日。

中东国家之中，土耳其的电商用户渗透率为48%，属于中等水平。根据贸易部2020年的数据，该国电子商务市场同比增长了66%，达到2 260亿土耳其里拉（260亿美元）。订单数量猛增68%，达到近23亿，零售额占市场的64%。阿里巴巴2018年投资3.5亿美元于领先电商平台Trendyol。这家公司成立于2010年，面向中亚北非地区提供在线时尚购物服务，拥有超过120 000家公司和4 000万种产品，其市场份额2020年在土耳其达到33.5%。预计到2023年，平台上将增长到330 000家公司。Trendyol在2018年的估值达到了93亿美元。2021年9月进一步从全球机构投资者筹集了15亿美元资金，包括软银愿景基金和泛大西洋基金，将其估值推高至165亿美元，使其成为土耳其的第一家"十角兽"（Decacorn），即超过100亿美元但未上市的公司。阿里巴巴集团的股份占比达到86.5%。

中东地区逐渐形成了中国电商、美国电商和本土电商三足鼎立的竞争态势。由于中东国家制造业并不发达，其电商产品绝大多数依靠进口，产品来源国主要是中国、美国和德国，其中日常生活用品的进口90%来自中国。

由于广阔的市场和蓬勃发展的数字经济,中东已成为全球移动支付交易增速最快的地区之一,但是其电子支付发展较为缓慢。2020 年,仅有 44％在网购采用银行卡,而仍有 23％用现金支付。除了阿联酋,其他国家还没有完全采用在线和移动支付,其数字支付仍未得普及。

随着"一带一路"的推进,越来越多的中国企业、人员流动到中东地区。近年来银联卡持续发力,在 61 个国家和地区发行超过 84 亿张,成为全球发卡量最大的银行卡组织。在中东,银联在 11 个国家开展业务,在阿联酋和巴基斯坦已达到 100％的受理率。此外,银联非接触式支付闪付、银联二维码支付等多种创新支付产品已在中东地区推出。

2016 年 3 月,银联国际宣布与沙特阿拉伯 Al Rajhi 银行合作,在该行所有 ATM 和商户开通银联卡(卡号以 62 开头)受理,快速提升 ATM 和商户覆盖率。中国银联新推出的移动支付"云闪付"后,于 2017 年和 2019 年分别落户阿联酋和土耳其,"云闪付"用户在中东的支付体验也不断优化。2020 年,银联国际(UPI)和阿联酋金融服务集团 Vaulsys 最近宣布建立合作伙伴关系,Vaulsys 成为银联国际的第三方服务提供商(TPSP)。双方将携手支持中东和非洲(MEA)和南亚地区进一步实现支付行业的数字化。

中东国家既因石油资源而富裕,也因其而受到全球大国的高度关注。内部由于宗教、种族等原因而处于纷争状态,民众与政府之间的低信任度,法规也非常不健全。这给外资进入带来较大的不确定性。但近年来海湾国家也在努力摆脱对石油的过分依赖。例如,沙特阿拉伯的目标是将其在非石油国内生产总值(GDP)中的份额从 2016 年的 16％提高到 2030 年的 50％。并出台国家战略,侧重于发展非石油部门以促进经济增长、地方价值和就业创造以及社会发展。因此,中国科技企业、科研机构与当地仍有较大的合作空间,但应当尽量减少官方色彩,尊重当地文化习俗,避免卷入其内部纷争。

三、中国数字企业在印度的发展与合作

印度作为新兴大国,其数字化增长潜力已经吸引全球数字企业的关注。基于庞大的人口和 6.6 亿网民基数(尽管普及率仍不算高),其智能化终端、PC 设备、通信基础设施等,均蕴含着巨大的增长潜力。

2015 年莫迪政府启动"数字印度"计划,有三个重要组成部分:数字基础设施、治理和按需服务、公民的数字赋权(如图 8.7 所示)。

数字基础设施作为每个公民的核心实用工具	治理和按需服务	公民的数字赋权
• 高速互联网的可用性作为向公民提供服务的核心实用程序 • 从摇篮到坟墓的数字身份是独一无二的、终生的、在线的并且对每个公民都是可验证的 • 手机和银行账户使公民能够参与数字和金融领域 • 轻松访问公共服务中心 • 公共云上的可共享私人空间 • 安全可靠的网络空间	• 跨部门或辖区的无缝集成服务 • 从在线和移动平台实时提供服务 • 所有公民权利都可移植并在云上可用 • 数字化转型服务,提高经商便利性 • 使金融交易电子化和无现金化 • 利用地理空间信息系统(GIS)进行决策支持系统和开发	• 通用数字素养 • 普遍可访问的数字资源 • 印度语数字资源/服务的可用性 • 参与式治理的协作数字平台 • 公民无需亲自提交政府文件/证书

图 8.7　数字印度愿景的三大支柱

印度企业对数字化转型普遍抱欢迎态度,基于星展银行 2021 年的一项调研,印度有 48% 的大型企业(年营业额超过 10 亿美元的公司)和中型公司(年营业额在 2 亿至 10 亿美元之间)制定了数字化转型战略。[1]而根据麦肯锡(2019)的数据,印度企业积极采纳新的数字化商业模式。[2]数据显示,

---

[1] https://www.thehindubusinessline.com/info-tech/one-in-two-corporates-in-india-have-a-digital-transformation-strategy-in-place-report/article36665667.ece,访问时间:2023 年 6 月 9 日。

[2] McKinsey Global Institute, Digital India: Technology to Transform A Connected Nation, March 2019.

2021年,印度的独角兽企业达到33个,超过了中国的19个。①麦肯锡预计,到2025年,IT和业务流程管理(IT-BPM)、数字通信服务和电子制造等核心数字行业的GDP水平可能翻番,达到3 550亿至4 350亿美元,而新兴数字化行业(包括农业、教育、能源、金融服务、医疗保健、物流和零售)以及政府服务和劳动力市场中的数字应用在同一时期每个都可以创造100亿至1 500亿美元的增量经济价值。生产力的飙升预期会创造大约6 000万至6 500万个工作岗位。

巨大的市场吸引了大量中国企业纷纷进入。智能终端是中国智造的一个主要优势领域。中国企业在印度智能手机出货量的占比逐年攀升(如图8.8所示)。2021年智能手机销量前五名中,中国智能手机厂商占63%。而在功能手机市场之中,中国传音公司旗下的itel占24%的份额,排名第一。

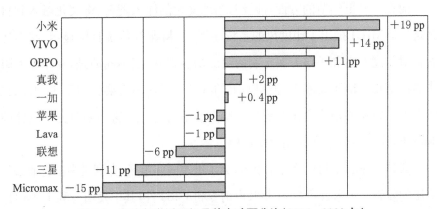

图8.8 印度新激活手机品牌变动百分比(2016—2020年)

资料来源:Flurry Analytics, 2021, https://tech.sina.com.cn/roll/2020-09-10/doc-iivhuipp3466964.shtml,访问时间:2023年6月9日。

小米于2014年7月进入印度市场,通过闪购销售模式(即限时抢购)一炮打响;到2015年其在印度市场份额为3%,到2021年其市场份额已经猛

---

① https://www.thehindubusinessline.com/data-stories/data-focus/india-speeds-past-china-in-the-unicorn-race/article37087689.ece,访问时间:2023年6月9日。

增到 25%,手机销量达到 4 050 万部,超越三星排名第一。通过综合运用价格和功能的营销策略,同时注重当地化,尤其在语言、文化的融合方面的融合,是小米在印度快速取得成功的诀窍。

小米一开始就设定了本地化的长期战略,其印度团队全部是印度员工。此外通过在印度铺开体验店,设立研发团队,组织工艺链和生产,让小米真正成为一家印度公司。例如在系统语言上,虽然印度国家官方语言只有英语和印地语两种,但在各个邦还有 22 种地方语言。小米和很多中国厂商就注意到了这些,它们支持的语言数量甚至比印度本土品牌手机还要多。同时小米很早就通过投资的方式引入印度本土流媒体供应商 Hungama,用户便可以直接通过小米手机订阅宝莱坞的影视资源,这也为后续小米在印度开展电视业务打好了内容基础。

而在一些更细节的方面,涉及对当地文化的深入理解,将文化融入到科技之中。MIUI 推出了印度风的系统主题、支持印度传统日历显示、甚至还有针对印度女性和小孩专属定制的美颜功能,和中国不同的是,在印度人眼中美白磨皮可能不是刚需,但眉心上的红色吉祥痣一定要保留下来,所以很多国产手机贴心地推出了磨皮并保留吉祥痣的功能。这些细节方面的体验和改善,无疑得到了印度用户的好感。

科技企业的专利是核心竞争力,为了进军国际市场,专利是中国企业必须克服的障碍。小米公司 2014 年共申请专利 1 183 件,其中发明专利 1 105 件。这些专利以国内申请为主,但到 2020 年底,其在全球范围内的专利达 19 000 余件,近一半都在境外获得。全球申请商标达 27 000 余件,覆盖全球 160 多个国家。标准新技术创新方面,5G 标准专利声明数量已经进入全球前 15 位。

伴随着智能终端的普及,手机应用也成为中国厂商的另一片必争之地。以美图为例,该公司已经成为中国国际化程度最高的互联网公司之一。美图专门为印度用户打造的自拍应用"美颜相机"在 Google Play India

2016 年度最流行 App 领域占据榜首。2017 年初美图秀秀因为手绘自拍在海外火爆,登上了俄罗斯等 8 个国家和地区 App Store 免费应用总榜榜首,跻身全球 21 个国家和地区 App Store 免费应用总榜前十。

但是,由于中印之间边境爆发的冲突,印度民族主义情绪高涨。印度政府近年来出台了种种对华企业的歧视性政策,比如借口国家安全禁止华为、中兴参与电信设备采购招标,对中国 App 进行封锁,涉及 TikTok、腾讯、阿里巴巴、网易等多家中企,为中国企业在印度的市场拓展和创新带来了挑战。

第三节　政策建议

近年来,随着全球化的退潮,尤其是中国国内对境外资本的严格管制,中国企业走出去的步伐明显放缓。从 2013 年到 2021 年,华为的海外收入总额虽然从 1 550 亿上升到 2 235 亿元人民币,但占比已经从 65％下降到 35％。中国的软件产业出口也处于停滞不前的状况。然而,数字技术所带来的新一轮产业革命,为中国科技企业提供了非常大的发展空间。对于"一带一路"国家来说,数字基础设施相对薄弱,但民众对数字化需求非常强烈,欧美各国都先后制定了各自的国家数字化战略,加大对数字经济发展的投入力度,并鼓励本国科技巨头开拓全球市场。

本书的研究提出,"一带一路"国家在数字经济发展方面面临以下挑战。

首先是加快数字基础设施建设势在必行。"一带一路"国家的数字基础设施普遍相对落后。近年来移动电话的快速发展,一些国家的移动电话普及率得到迅速提升,边远民众也有了接入互联网的机会。但是由于缺乏足够的资金和人才,很多"一带一路"国家在数字化基础设施建设方面举步维艰。

数字基础设施是数字化转型的基础,中国企业在基础设施建设方面具有比较优势,但由于西方国家对此抱怀疑态度,认为中国数字和电信企业会把数据不当利用。要把握这一机遇,已经不仅仅是企业自身的能力问题,而涉及国家之间的互信。因此,需要中国对外持续释放善意,加强与沿线各国的密切外交。

其次是普遍面临如何以数字技术创新驱动经济转型的任务。创新驱动经济社会的发展和繁荣已成为世界各国和理论界的共识,数字经济下的创新有着与以往不同的特征。世界经济论坛 2016 年《全球信息技术报告》的第一个重大发现就是:数字革命改变了创新的性质。这种改变体现多个方面,例如借助于互联网无远弗届的威力,创新得以实现开放化和民主化,大众能够参与到原来只有少数精英,包括科学家、工程师等才能实现的创新之中。多数"一带一路"国家并不具备足够的基础科研创新能力,但在数字技术应用和模式创新方面,本土企业却有着跨国公司不具备的主场优势。在全球化竞争环境下,如何借助于外力,发挥本土优势,推动经济转型是"一带一路"国家普遍面临的重大任务。

再次是普遍面临制度约束和治理的难题。这些国家的网络空间治理能力均有待于加强。由于数字化平台的全球化特征,一些西方的大数据公司如谷歌、亚马逊、微软等占据了先发优势,在"一带一路"国家攻城略地,各类数据不断流向跨国公司总部所在地。很多国家都未能建立自己的数字生态系统,严重依赖于国外的公司,从而没有能力有效保护本国公民的数据安全,这无疑存在着极大的隐患。这方面,欧盟作为一个整体在数字安全立法方面已经先行一步,将在 2018 年推出《欧洲通用数据保护规定》为欧洲国家提供高水平的数据保护,这无疑会提升中东欧国家的网络空间治理能力。但是对于其他多数"一带一路"国家而言,网络空间治理方面表现相当薄弱。

考虑到"一带一路"上有多个欧盟成员国,以及部分非欧盟的欧洲国家,中国在推进"一带一路"过程中,需要形成一个能够与之对接的法规保障,为中国数字企业走出去提供良好的治理环境。

最后,各国还普遍面临数字鸿沟和可持续转型的难题。多数"一带一路"国家,尤其是像中国、印度、印度尼西亚、俄罗斯这样的大国,内部存在巨大的数字鸿沟。不同区域、城乡之间,几乎算是两个世界。在未来的数字经济发展过程中,如何尽快弥合这一鸿沟,提升包容性增长的能力,是当前各国普遍面临的战略任务。

总体而言,各国政府面临最大的挑战可以归结为如何创造一种有利于数字创新和创业环境,从而弥合与发达国家之间的鸿沟。本书的研究建议,各国需要从国家层面制定一个明确的数字战略,明确以下战略重点。

加大预算,鼓励竞争,扩大数源。数字技术的发展依赖于政府和民间的大量投入,包括数字基础设施、各类数字公共服务等。政府需要加大数字化预算比例,通过加强对数字化及各类相关基础设施的投资,鼓励信息通信行业的竞争,扩大可利用的数据源。数据作为数字经济的原材料,也是数字经济发展的源动力,基础设施的完善程度是产生大数据的前提。而传统的基础设施,如交通、物流等对于电子商务的发展也必不可少。一些自身财力不足的国家,可以通过与亚洲基础设施投资银行(AIIB)这样的区域性机构合作,或以公私合作吸引民间机构参与加快发展。

开放合作,鼓励投资,融入全球。"一带一路"国家要进一步加强区域合作,对等开放,鼓励国外投资和国内中小型数字科技企业的发展,融入全球产业链。鼓励开展数字化投资的外资企业进入,无论是着眼于数字基础设施,还是数字化商业应用,都有利于"一带一路"国家的数字就业和经济发展,实现共赢。国内企业通过融入全球产业链,可以获得先进国家技术成果的转移,提升全球竞争力。对此,政府可以通过研发税收减免,出口退税、加速折旧等方式予以支持。

本书的研究提出,以市场化为原则,以企业为主体来推进国际合作,是一种效果更好的形式。从经验上看,中国的科技进步很大程度上受益于跨国公司来华设立的研发机构,如微软、IBM、西门子等企业的研究院。同样,中国要在"数字一带一路"方面有所作为,也要发挥国内科技企业的作用。2021年,华为携手国际大学生程序设计大赛ICPC,举办的通信路由挑战赛共有将近8 000名来自世界各地的选手参加,最终有30名选手和9名教练获奖。此类活动的举办,既能减小各国的疑虑,又可以帮助企业树立良好形象,吸引优秀人才。

数字转型,跨界融合,模式创新。"一带一路"国家要鼓励传统企业对数字技术商业化的投资,尤其是传统产业的数字化改造方面,以广泛应用迅速带动商业模式创新、跨界融合、数字经济发展。近年来,发达国家的企业不断加大数字技术商业化预算,如美国公司将研究预算的28%左右投入于数据技术商业化,欧洲平均达到14%。事实上,很多新兴国家之所以取得了快速的发展,正在于鼓励本土企业借鉴吸收国外成熟的数字化商业模式,并在此基础上开展本土化创新。以应用带动技术的引进和发展,是后发国家实现赶超的重要路径。此外,用数字化解决方案老龄化、健康、环境等社会问题,开发出新的商业模式。

以人为本,数字教育,提升素养。数字人才是一个国家最大的竞争力源泉,通过加强数字化教育,提升全民数字化素养,是"一带一路"国家极为迫切的任务。数字化不仅改变了人们的工作、学习和生活方式,也对人提出新的技能要求。数字化素养正在成为与语言、数学、科学同等重要的基础技能。在很多国家,"千禧一代"又被称为"数字原住民",他们与数字技术同步成长和演化,从而更能适应未来数字化、智能化的社会。"一带一路"国家要想跟上时代的脚步,需要尽快将数字化教育融入到中小学教育之中,让学生有机会较早地接触计算机、互联网,以弥合数字鸿沟,应对未来社会的挑战。针对成人,政府应该鼓励数字培训机构的发展,以及鼓励企业开展数字化人才在职培训。

第九章
结论和展望

第一节　结　论

前述各章对"一带一路"国家科创合作政策、可能性和路径进行了一个系统的讨论,同时对中国如何实施"一带一路"科创合作提出了一系列政策建议。至此,可以对第一章所提出的几个问题作一个回答和总结。

问题一:当前科创合作发展情况如何,具备哪些形式,面临哪些挑战?

"一带一路"沿线国家遍布全球多个洲,目前并没有形成一个完整的体系,贸易往来并不属于全球贸易最密切的。同时,由于缺乏在全球科创和产业链方面的领导性国家,以及外交因素,在科创合作上,仍然非常不足,存在很大的增长空间。

就科创合作形式而言,存在科研机构、产业界和政府三大主体十类合作方式。在"一带一路"国家之间,最为现实的合作方式和路径是在政府之间签订外交合作框架的前提下,以企业界的创新合作为切入点,依托于全球产业链,进一步上升到科研合作。

对于中国来说,"一带一路"国家科创合作面临多项挑战,既有来自全球地缘政治、经济和文化等挑战,更有来自原有科技发达国家竞争的挑战。

问题二:针对不同类型的经济体和项目,开展科创合作可以有哪些不同

的范式？

中国在对外科创合作过程中，由于各国处于不同的发展阶段，对科创发展的关注度和关注领域存在差异，必然需要遵循不同的合作范式。

科创政策存在三种范式：科学技术、国家创新体系和转型性变革。尽管多数国家采纳了国家创新体系，但基于本书的研究，不同国家有着不同的政策导向。以中国为代表实施"转型性变革"科创政策的国家对可持续予以高度的关注，将科创目标设定为超越经济发展的方面，对可持续方面予以高度的关注，这与中国正在实施的"双碳"政策相配合。在"双碳"方面先行一步，能够让中国在未来的科创竞争之中抢得先机，以此为基础，必将对"一带一路"倡议的推进产生积极的作用。未来中国可以向"一带一路"国家分享"双碳"经验，加强绿色科创合作，为发展中国家探索一条绿色科创发展之路。

综合各国的政策范式与合作分类，本书的研究提出，二者存在以下对应关系：

与实施政策范式1的国家的科创合作，重在与其加强科学界的合作交流，包括共同发表论文、共同申请专利及科学家之间的交流合作等。中国拥有强大的科技基础设施，可以向其提供有条件的开放或共建，鼓励大学STEM专业招收相关国家的留学生。

与实施政策范式2的国家，重在加强产业界的合作，包括产学研合作、科技园区、全球产业链的合作。中国作为世界制造工厂，有着完善的产业链，在"一带一路"倡议指引下，实现与相关国家产业对接，推动技术和产业的转移。

针对实施政策范式3的国家，重在加强政府层面的合作为主，关注于环境、气候、健康等全球性议程。中国作为一个最大的发展中国家，我们与广大"一带一路"国家面临共同的环境挑战，因此在此方面有广泛的合作空间。中国的环保产业近年来得到飞速的发展，可以将中国的经验与这些国家进行交流，也可以向他国吸取经验。

问题三：针对不同类型的经济体，就现实性而言，中国开展"一带一路"科创合作可能有哪些路径？

基于六个国际科技大国（美、英、德、法、日、中）科技影响力的比较，本书的研究发现，在对"一带一路"沿线国家的科技影响力方面，中国虽然总体上还不及美国、英国和德国，只能算是区域科技强国。但在数字经济发展上，中国具有一定的比较优势，与"一带一路"国家数字方面合作非常活跃。由此看来，以"数字一带一路"为突破口来推进中国的科创合作之路，是可行的。

在"数字一带一路"的合作路径选择上，基于中国数字企业在"一带一路"国家的布局，中国要综合考虑外交、地理、文化和经济发展潜力等重要方面。

第二节　存在的不足和未来研究

本书的研究存在以下一些不足，主要体现在以下三方面。

一是由于"一带一路"国家众多，限于时间、语言能力、数据可获得性等因素，只能分大区域，有重点地对相关国家的科创政策进行解读，对很多国家的阐释仍然不够细致，这不可避免地导致研究上的疏漏。

二是本书的研究发现，科创政策并不仅是科技管理部门的事。在产业、卫生、环保、标准乃至工商、税务部门等多个部门均有类似的政策出台。科技管理的职责主要是制定大的科创战略，重点攻关的领域，但是基于国家创新体系理论，科创需要多方面主体的参与，以及各政府部门的深度参与。而这体现在国家出台的多个文件之中。对于一些小国，如新加坡、以色列而言，相对简单。但是对于中国、印度、俄罗斯这样的大国，问题尤其复杂。这需要对各国的具体情况进行分析，本书的研究在这方面存在一定的不足。

三是科创合作与外交、经贸存在较强的嵌入性,也受到宗教、文化等因素的影响,在分析与"一带一路"国家科创合作的同时,需要考虑后者的影响。由于数据和研究领域的限制,未能兼顾,这是本书研究的另一点不足。

展望未来,就科创合作方面,本书提出以下发展思路和研究方向。

一是国际上对于"一带一路"存在诸多的质疑。因此,如果能够从相对超越的科技合作的视角,考察科技知识所导致的正外部性,通过实证性证据,客观分析这一倡议所带来的经济和社会效益,不失为一个消除此类质疑的良策。但从目前来看,对此的实证性研究仍然非常缺乏。这应该作为未来研究的重要方向之一。

二是企业层面的科技合作研究潜力巨大。当前研究显示,作为最重要的创新主体,企业尤其是民营企业在对外科技合作之中的作用并没有得到充分的发挥。这与近些年来中国企业大量"走出去"的现实不太匹配。很多企业在对外科技合作过程中,既有技术获取的一面,也有技术输出的一面,这是科技合作的重要组成部分。如华为在数字化与绿色化的结合方面已经进行有益的探索,取得了良好的效果。企业在与沿线国家科技合作的过程中,有哪些经验教训,面临哪些风险,目前的研究仍非常少。

三是应站在全球的视野,应分国别或区域,加强对重点国家或国家联盟的科技合作研究。当前对东盟或独联体的关注有其合理性,但随着"一带一路"合作范围的扩大,还需要针对非洲或南亚不发达国家、中东和南美的资源型国家,研究应选择何种策略和模式,开展更加细致的讨论。

四是科技合作项目的可持续性保障机制有待于进一步的研究。作为一项官方倡议,常常默认地将政府置于核心地位。政府为核心推动力固然有利于项目的启动,但是进入到项目的运行阶段,政府的作用呈现递减的趋势,并不利于项目的可持续开展。因此针对不同的合作模式和项目,政府应该起何种作用,与民间和市场力量如何相互配合,这是一个值得进一步研究的重要问题。

第三节　政策展望

2013 年,当中国首次提出"一带一路"倡议的时候,正处在全球化的高潮期。但近年国际局势发生巨大变化,各类黑天鹅事件纷至沓来,全球化有明显退潮的趋势。"一带一路"建设遭遇到了前所未有的挑战,需要对这一现状有更加清醒的认识,作出正确的决策。

科创合作是嵌入在经济、外交和文化之中的重要合作环节,它很难完全独立于外交。例如在俄乌冲突发生之后,欧盟迅速终结与俄罗斯的科技合作。但是也有特例,在冷战时期两大阵营在对北极、太空方面的合作有过先例。

对于中国科创而言,只要开放的大门仍然敞开,坚持和平发展路线,即使存在外部障碍,仍然可以选择在人类共同关心的问题,如气候、能源等问题,在联合国、世界银行等国际组织的框架内,与各国科学家开展科技合作,推进"一带一路"倡议。

就中国而言,需要在大政方针上向外部世界释放出积极合作的信号,建立起相互信任的关系,为中国科创合作创造良好的外部环境。

第一,中国应坚定不移地坚持改革开放路线不动摇。近年来,国家领导人不止一次强调"坚持开放,不搞封闭";"中国对外开放的大门决不会也不能关上"等,彰显出中国政府高层充分认识到开放政策的重要性。"一带一路"倡议的提出也正是基于这一前提,未来国际科创合作要顺利开展,仍然需要坚持这一原则。

第二,科创合作应与外交保持相对的独立性。如前所述,科创与外交之间存在密切的互动关系,外交关系良好的国家,其经贸科技往来无疑会更加频繁,但是也应认识到二者并不完全等同。通过对"一带一路"国家的分析发现,科创方面的合作应当而且可能与外交保持一定的距离。很多科学家跨越国界的合作,并不仅限友好国家之间,也可以存在于双方没有建交甚至关系敌对的国家之间。

中国应在国家层面就"一带一路"科创合作工作设立科技外交促进咨询委员会,将科学技术各领域的专业知识应用于外交的规划和起草,并就科技和外交相关的重大问题进行讨论,特别是在"数字一带一路"建设方面的重大问题,如跨境数据流动、数字贸易、数字技术与国家安全的关系以及对全球问题的应对,以科学外交的专业化提出有针对性的建议。

第三,建设好国内科创体系是推进国际科创合作的基础。如果中国自身未能建立一个良好的、健康的国家科创体系,很难期望有一个强大的国际科创合作体系。因此未来中国需要进一步审视国家科创体系中的薄弱环节,下大力气予以解决。

这种薄弱环节包括:技术或发明专利转化效果不够理想,创新企业的数量和占比不够高,中小型民营企业在吸引风险投资方面成本较高,市场在资源配置中的基础地位有待于巩固等。这些构成为中国对外开展科创合作的重要基础,需要进一步夯实。

第四,中国科研机构应立足全球,进一步加强对"一带一路"留学生的吸引力,同时改革移民政策,让更多的优秀科技人才愿意加入中国国籍。很多科技大国都拥有世界一流的大学,都是外国留学生云集之地。同时这种吸引应建立在科技实力和文化吸引力的基础上。

第五,"数字一带一路"是中国推进"一带一路"倡议的重要杠杆和新发展。中国已经拥有多家具有世界影响力的数字科技公司,这些公司在全球拓展市场的同时,不断提升其科技含量,吸引全球优秀的科创人才参与,是中国加强对外科创合作的主要力量,值得重视和珍惜。所谓"科学外交",既可以是"为外交的科学",也可以是"为科学的外交",发挥外交的这一功能,对于中国未来的科创合作至关重要。

　　而与此同时,数字经济国际化也面临着一系列重大的挑战。由于贸易
交流过程中,不可避免地涉及敏感数据的跨境流动,由此而带来的法律制度
协同问题、互信问题等,这些问题迫切需要一个良好的治理机制予以解决,
否则将可能会导致交流的中断,需要引起高度重视。

参考文献

Acemoglu D., Johnson S. and Mitton T. Determinants of Vertical Integration: Financial Development and Contracting Costs[J]. *The Journal of Finance*. 2009, 64(3), 1251—1290.

Adams J. The Fourth Age of Research[J]. *Nature*. 2013, 497, 557—559.

Archambault E., Beauchesne O., Cote G., Roberge G. *Scale Adjusted Metrics of Scientific Collaboration*. Science-Metrix., Montreal, 2016.

Archibugi D., Pietrobelli C. The Globalization of Technology and Its Implications for Developing Countries: Windows of Opportunity or Further Burden[J] *Technological Forecasting & Social Change*, 2003, 70(9):861—883.

Arriola C., Kowalski P., van Tongeren F. This is how COVID-19 Has Affected Global Trade[J]. *LSE Business Review*. 2021.11.05. https://www.weforum.org/agenda/2021/11/what-happened-to-world-trade-under-covid-19/.

Autio E., Hameri A-P., Vuola O. A Framework of Industrial Knowledge Spillovers in Big-science Centers[J]. *Research Policy*. 2004, 33:107—126.

Baldwin R. E. and S. J. Evenett. Value Creation and Trade in 21st Century Manufacturing[J]. *Journal of Regional Science*. 2015, 55(1), 31—50.

Beaver D. Reflections on Scientific Collaboration (and its study): Past, Present, and Future[J]. Feature Report. Scientometrics. 2001, 52(3):365—377.

Belderbos R., Cassiman B., Faems D., Leten B., Van Looy B. Co-ownership of Intellectual Property: Exploring the Value-appropriation and Calue-creation Implications of Co-patenting with Different Partners[J]. *Research Policy*. 2014, 43(5): 841—852.

Briggs K. Co-owner Relationships Conducive to High Quality Joint Patents[J]. *Research Policy*, 2015, 44:1566—1573.

Brown S., Levey D. H. The Global Innovation System: A New Phase of Capitalism[J]. *Economics*, 2015.

Brown S., Levey D. The Global Innovation System: A New Phase of Capitalism [J]. *International Journal of Business, Humanities and Technology*. 2015, 5 (1), 6—10.

Bukht R., Heeks R. Defining, Conceptualising and Measuring the Digital Economy[J]. Manchester Centre for Development Informatics, Working Paper Series, 2017, Paper No.68.

Carlsson Bo, Internationalization of Innovation Systems: A Survey of the Literature[J]. *Research Policy*, 2006, 1:56—67.

Cohen W. M., Levinthal D. A. Absorptive Capacity: A New Perspective on Learning and Innovation[J]. *Administrative Science Quarterly*, 1990, 35 (1): 128—152.

Diercks G., Larsen H., and Steward F., Transformative Innovation Policy: Addressing Variety in an Emerging Policy Paradigm[J]. *Research Policy*, 2019, 48: 880—894.

D'Ippolito B., Rüling C-C. Research Collaboration in Large Scale Research Infrastructures: Collaboration Types and Policy Implications[J]. *Research Policy*, 2019, 48(5):1282—1296.

Economist Intelligence Unit. Digital Economy Rankings 2010: Beyond E-Readiness[R]. Economist Intelligence Unit, London, 2010. http://graphics.eiu.com/upload/EIU_Digital_economy_rankings_2010_FINAL_WEB.pdf.

Edquist C., Towards a Holistic Innovation Policy: Can the Swedish National Innovation Council(NIC) Be a Role Model[J]? *Research Policy*. 2019, 48:869—879.

Fackler T., Giesing Y., Laurentsyeva N. Knowledge Remittances: Does Emigration Foster Innovation [J]? *CESifo Working Papers* No. 7420, December 18, 2018.

Fagerberg J. Innovation Policy: Rationales, Lessons and Challenges [J]. *Journal of Economic Surveys*, 2016, 31:497—512.

Fagerberg J., Fosaas M., Sapprasert K. Innovation: Exploring the Knowledge Base[J]. *Research Policy*. 2012, 41:1132—1153.

Freeman C. Japan: A New National Innovation Systems[J]? in G. Dosi, C.

Freeman, R. R. Nelson, G. Silverberg and L. Soete (eds.), *Technology and Economic Theory*, London: Pinter Publishers, 1988.

Freeman C. The National Innovation Systems in Historical Perspective[J]. *Cambridge Journal of Economics*, 1995, 19:5—24.

Freeman, C. and L. Soete. The Economics of Industrial Innovation[M], 3rd edition. MIT Press, Cambridge MA, 1997.

Freeman, C., Technology and Economic Performance: Lessons From Japan [M]. Pinter, London, 1987.

Georghiou L. Global cooperation in research[J]. *Research Policy*. 1998, 27: 611—626.

Georghiou L., Metcalfe J.S., Evaluation of the Impact of European Community Research Programmes upon Industrial Competitiveness[J]. *R&D Management*. 1993, 23(2).

Ghemawat P. Redefining Global Strategy: Crossing Borders in a World Where Differences Still Matter[M]. Harvard Business School Press, 2007.

Glänzel W., De Lange C., A Distributional Approach to Multinationality Measures of International Scientific Collaboration[J]. *Scientometrics*. 2002, 54:75—89.

Grimaldi R., Kenney M., Siegel D. S., Wright M. 30 Years After Bayh—Dole: Reassessing Academic Entrepreneurship[J]. *Research Policy*. 2011, 40: 1045—1057.

Hall P.A., Policy Paradigms, Social Learning, and the State: the Case of Economic Policymaking in Britain[J]. Comp. Polit. 1993, 25(3):275—296.

Hallonsten O. Use and Productivity of Contemporary, Multidisciplinary Big Science[J]. *Res. Eval.* 2016, 25, 486—495.

Hammadou H., Paty S., and Savona M. Strategic Interactions in Public R&D Across European Countries: A Spatial Econometric Analysis[J]. *Research Policy*. 2014, 43:1217—1226.

Heidler R., Hallonsten O. Qualifying the Performance Evaluation of Big Science Beyond Productivity, Impact and Costs[J]. *Scientometrics*. 2015, 104: 295—312.

Huawei, Arthur D. Little. Special report: Digital Growth Opportunities in UAE, Pakistan, and Oman[R]. January 2021.

Kallerud E., Amanatidou E., Upham P., et al., Dimensions of Research and Innovation Policies to Address Grand and Global Challenges[J]. Working Paper No.13. *Nordic Institute for Studies in Innovation, Research and Education*, Oslo, 2013.

Katz J. S., Martin B. R..What is Research Collaboration? [J]. *Research Policy.* 1997, 26(1):1—18.

Kerr S. P., Kerr W., Özden Ç., and Parsons C., Global Talent Flows[J]. *Journal of Economic Perspectives.* 2016, 30(4):83—106.

Kim L. *Learning and Innovation in Economic Development* [M]. Edward Elgar, Cheltenham UK, 1999.

Krugman P., Cooper R. N., and Srinivasan T. N., Growing World Trade: Causes and Consequences[J]. *Brookings Papers on Economic Activity*, 1995, 1: 327—377.

Lancho-Barrantes B. S., Guerrero-Bote V. P., de Moya-Anegón, F.. Citation Increments Between Collaborating Countries[J]. *Scientometrics.* 2013, 94 (3), 817—831.

Lee S., Bozeman B. The Impact of Research Collaboration on Scientific Productivity[J]. *Social Studies of Science.* 2005, 35(5):673—702.

Lee S., Lee H., Lee C.. Open Innovation at the National Level: Towards A Global Innovation System[J]. *Technological Forecasting & Social Change.* 2020, 151:119842.

Leung R. C., Networks as Sponges: International Collaboration for Developing Nanomedicine in China[J]. *Research Policy*, 2013, 42(1):211—219.

Luk C.L., Yau O.H.M., Sin L.Y.M., Tse A.C.B., Chow R.P.M., Lee J.S.Y. The Effects of Social Capital and Organizational Innovativeness in Different Institutional Contexts[J]. *Journal of International Business Studies*, 2008, 39, 589—612.

Lundvall B.-A. (Ed.). *National Systems of Innovation: Towards a Theory of Innovation and Interactive Learning*[M]. Pinter, London, 1992.

Lundvall B.-A. National Innovation Systems—Analytical Concept and Development Tool[J]. *Industry and Innovation*, 2007, 14:1, 95—119.

McKinsey. How COVID-19 has Pushed Companies over the Technology Tipping Point—and Transformed Business Forever [R]. McKinsey Global

Publishing，October 2020.

Meadows A.J.，O'Connor J.G.，Bibliographic Statistics As A Guide to Growth Points in Science[J]. *Science Studies*. 1971, 1:95—99.

Mooi E.，Sarstedt M. *A Concise Guide to Market Research: the Process, Data, and Methods Using IBM SPSS Statistics, 2nd ed.*[M]，Berlin Heidelberg: Springer—Verlag, 2014.

Nelson R. *National Innovation Systems. A Comparative Analysis*[M]. New York/Oxford: Oxford University Press, 1993.

Niosi J.，Reid S. E.Biotechnology and Nanotechnology: Science-based Enabling Technologies as Windows of Opportunity for LDCs[R]? World Development, Elsevier, 2007, 35(3):426—438.

OECD. Interconnected Economies: Benefiting from Global Value Chains[R]. OECD Publishing, 2013.

OECD. Managing National Systems of Innovation[R]. OECD Publishing, 1999.

OECD. Measuring the Digital Economy: A New Perspective[R]. Paris: OECD Publishing, 2014.

OECD. *OECD Digital Economy Outlook 2015*[R]. OECD Publishing, Paris, 2015.

OECD. OECD Science, Technology and Innovation Outlook 2021: Times of Crisis and Opportunity[R]. OECD Publishing, 2021. https://doi. org/10. 1787/75f79015-en.

Papageorgiadis N.，Cross A. R. Constantinos Alexiou. International Patent Systems Strength 1998—2011[J]. *Journal of World Business*. Volume 49, Issue 4, October 2014, Pages 586—597.

Papageorgiadis N.，Sofka W. Extended and Updated Index of Patent Systems Strength 1998—2018[R]. 2019. https://www.liverpool.ac.uk/patent-systems.

Podolny J.M. Networks As the Pipes and Prisms of the Market[J]. *American Journal of Sociology*. 2001, 107:33—60.

Porter M. E. *The Competitive Advantage of Nations*[M]. New York(NY): Free Press, 1990.

Porter M. E.，Schwab K. *The Global Competitiveness Report 2008—2009*[R]. World Economic Forum, 2008.

Presser S. Collaboration and the Quality of Research[J]. *Soc. Stud. Sci.* 1980, 10 (1), 95—101.

Qiao L., Mu R., Chen K. Scientific Effects of Large Research Infrastructures in China[J]. *Technol. Forecast. Soc. Change.* 2016, 112, 102—112.

Ross R. S.. It's Not A Cold War: Competition and Cooperation in US—China relations[J]. *China International Strategy Review.* 2020, 2:63—72.

Rungi A., Del Prete D.. The "Smile Curve": Where Value Is Added Along Supply Chains[J]. IMT LUCCA EIC working paper Series 05, March 2017.

Schlaile M., Urmetzer S., Blok V., Andersen A., Timmermans J., Mueller M., Fagerberg J., Pyka A. Innovation Systems for Transformations Towards Sustainability? Taking the Normative Dimension Seriously[J]. Sustainability. 2017, 9(12), 2253.

Schot J., Steinmueller W. E. Framing Innovation Policy for Transformative Change: Innovation Policy 3.0[J]. Science Policy Research Unit(SPRU), University of Sussex, 4 September 2016.

Schot J., Steinmueller W. E. Three Frames for Innovation Policy: R&D, Systems of Innovation and Transformative Change[J]. *Research Policy.* 2018, 9: 1554—1567.

Smits R.E., Kuhlmann S., Teubal M. A System-Evolutionary Approach for Innovation Policy[J]. In: Smits, R.E., Kuhlmann, S., Shapira, P. (Eds.), The Theory and Practice of Innovation Policy. Edward Elgar, Cheltenham, 2010:417—448.

Soete L. From Industrial to Innovation Policy[J]. *Journal of Industry, Competition and Trade.* 2007, 7(3):273—284.

Sovacool B. K. and Hess D. J. Ordering Theories: Typologies and Conceptual Frameworks for Sociotechnical Change[J]. *Social Stud. Science,* 2017, 47:703—750.

Taalbi J. Evolution and Structure of Technological Systems—An Innovation Output Network[J]. *Research Policy.* 2020, 49(8):104010.

Ulnicane I. "Grand Challenges" Concept: A Return of the "Big Ideas" in Science, Technology and Innovation Policy[J]? *Int. J. Foresight Innov. Policy.* 2016, 11(5).

Wagner C. S., Leydesdorff L. Network Structure, Self-organization, and the

Growth of International Collaboration in Science [J]. *Research Policy*, 2005, 34(10):1608—1618.

Wagner C. S., Whetsell T. A., Mukherjee S. International Research Collaboration: Novelty, Conventionality, and Atypicality in Knowledge Recombination[J]. *Research Policy*, 2019, 48(5):1260—1270.

Wagner C. S., Horlings E., Whetsell T. A., Mattsson P., Nordqvist K. Do Nobel Laureates Create Prize-winning Networks? An Analysis of Collaborative Research in Physiology or Medicine[J]. *PLoS One*. 2015, 10(7):e0134164.

WEF. Expanding Participation and Boosting Growth: The Infrastructure Needs of the Digital Economy [R]. World Economic Forum, Geneva, 2015 www3. weforum.org/docs/WEFUSA_DigitalInfrastructure_Report2015.pdf.

Xiao Z., Tsui A.S.. When Brokers May not Work: the Cultural Contingency of Social Capital in Chinese High-tech Firms[J]. *Administrative Science Quarterly*. 2007, 52, 1—31.

Zhang T., Cooperation, Competition or Confrontation? China & USA Focus(中美聚焦)[R], Feb.4, 2020. https://www.chinausfocus.com/foreign-policy/cooperation-competition-or-confrontation.

Zolfagharian M., Walrave B., Raven R., Georges A., and Romme L. Studying Transitions: Past, Present, and Future[J]. *Research Policy*. 2019, 48(9):103788.

阿里研究院,互联网＋从 IT 到 DT[M]. 机械工业出版社,2015 年 7 月,第 20 页.

蔡宏波,遆慧颖,雷聪."一带一路"倡议如何推动民族地区贸易发展? ——基于复杂网络视角[J].管理世界,2021,(10):73—85,127.

陈岸明,魏东原.粤港澳大湾区重大科技基础设施布局的优化分析——基于国际比较的视角.国际经贸探索,2020,(10):86—99.

陈欣."一带一路"沿线国家科技合作网络演化研究.科学学研究,2020,38(10):1811—1817.

程如烟.30 年来中国国际科技合作战略和政策演变[J].中国科技论坛,2008,(7):7—11.

邓巍,梁巧转,王维."一带一路"背景下国家创新系统内外部要素对创新能力的构型影响[J].科学学与科学技术管理,2020.10.

方维慰."一带一路"国家科技合作与协同创新的机制研究[J].重庆社会科学,

2020,（12）：45—58.

封晓茹,许洪彬,负涛,李嫣,赵新力.港澳地区参与"一带一路"科技创新合作的研究[J].科技管理研究,2020,（17）：45—52.

高珺,余翔.中国与"一带一路"国家专利合作特征与技术态势研究[J].中国科技论坛,2021,（7）：169—178.

高韵,王喜文.数字丝绸之路的内涵与价值[J].互联网经济,2017.11.

龚晨,田贵超.疫情常态化背景下深化"一带一路"科技合作对策研究[J].科技中国,2021,（7）：88—91.

郭锋,伍希."一带一路"战略下西部高校国际科技合作[J].中国高校科技,2017,（S2）：81—82.

郭晓婷.乌兹别克斯坦数字化转型及与"数字丝绸之路"的对接[J].欧亚经济,2020,（6）：62—79.

郭晓莹,周军.中阿共建"数字丝绸之路"的机遇、挑战与推进路径[J].对外经贸实务,2021,（6）：8—11.

胡雯.创新政策研究框架的演进与趋势[J].国外社会科学前沿,2019,10.

胡依洁,吴晓璐,王霖斌."一带一路"背景下中国与意大利农业合作探析[J].世界农业,2020,（12）：12—21＋29＋127.

黄玉沛.中非共建"数字丝绸之路"：机遇、挑战与路径选择[J].国际问题研究.2019,（4）：50—63.

姜峰,蓝庆新:数字"一带一路"建设的机遇、挑战及路径研究[N].澎湃新闻一带一路百人论坛,2020-10-23.

姜志达,王睿."中国-东盟数字'一带一路'合作的进展及挑战"[J].太平洋学报,2020,（9）：80—91.

姜志达,王睿.中国与中东共建数字"一带一路"：基础、挑战与建议[J].西亚非洲,2020,（10）：80—91.

金丹,杜方鑫.中越共建"数字丝绸之路"的机遇、挑战与路径[J].宏观经济管理,2020,（4）：78—83.

雷远征."一带一路"背景下中国与阿拉伯国家科技合作的潜力、挑战与实现路径[J].商业文化,2018,（12）：68—72＋168—174.

李长江.关于数字经济内涵的初步探讨[J],电子政务,2017,9.

李红军,赵勇,张红伟."一带一路"倡议对中国与沿线国家科技合作的影响[J].农业图书情报,2019,31(11)：23—33.

李哲旭.中巴数字丝绸之路建设:成果、挑战与对策.[J]国际工程与劳务,2021,8;57—59.

李振奇,王雨珊.河北省与中东欧国家科技合作研究[J].合作经济与科技,2020,(22);4—7.

廖文龙,翁鸣,陈晓毅."一带一路"倡议下中国—东盟科技合作对策研究[J].广西社会科学,2020,(9):68—72.

林炳坤,郭国庆."一带一路"农业科技合作及其发展态势分析[J].国际贸易,2020,(6):89—96.

林灵.宁波"一带一路"综合试验区建设与国际科技合作模式创新研究[J].宁波经济(三江论坛),2018,(10):13—15.

楼项飞.中拉共建"数字丝绸之路":挑战与路径选择[J].国际问题研究,2019,2:49—60.

卢子宸,高汉."一带一路"科技创新合作促进城市产业升级——基于 PSM-DID 方法的实证研究[J].科技管理研究,2020,(3):130—138.

陆晓玲,普凌,鲍亦平."一带一路"背景下中国与南亚东南亚国家科技创新合作的需求方向及对策研究[J].云南科技管理,2020,33(4):7—10.

路铁军,王泽森."一带一路"背景下的交通科技创新国际合作[J].国际经济合作,2018(11):25—28.

马化腾:数字经济-中国创新增长新动能[M],中信出版集团,2017.5,p.5.

倪国江,陈汉瑛."一带一路"倡议下青岛开展科技创新合作行动的思考[J].中国海洋经济,2018,(2).

牛新民.中国新疆织就与中亚国家"一带一路"科技合作协同网络[J].科技中国,2017,(10):16—22.

潘博.以高新技术企业为主体推进"一带一路"国际科技合作[J].企业改革与管理,2016,(12):199—120.

任天威."数字丝绸之路":数字国际合作路径与理念创新探析[J].公共外交季刊.2020,(4):82—89.

任玉娜.中国-东盟共建数字丝绸之路:现状、动力与挑战——基于数字经济的视角[J].全球化,2020,3:79—90.

施振荣.再造宏碁:开创成长与挑战[M].中信出版社,2005 年 5 月.

孙文婷."一带一路"战略对土耳其与中国科技创新合作产生的影响分析[J].甘肃科技,2021,(37):1.

陶蕊.中国国际科技合作战略演变分析——基于对历次国际科技合作规划的观察[J].中国软科学(增刊),2017,(12):49—55.

王海燕.中国与中亚国家共建数字丝绸之路:基础、挑战与路径[J].国际问题研究,2020,(2):107—136.

王利军,李旭东,陆丽娜,庄雨婷.以企业为主体推进"一带一路"国际科技合作[J].改革与开放,2015,(23):63—65.

王罗汉.对"一带一路"沿线国家科技合作的现状分析与展望[J].全球科技经济瞭望,2019,(5):17—23.

王文平.基于专利计量的金砖五国国际技术合作特征研究[J].技术经济,2014,33(1):48—54.

王宇,刘欣,刘亚云.科技创新热度分析视角下江苏参与"一带一路"创新合作的策略分析[J].江苏科技信息,2019,36(14):17—21.

王展硕,谢伟.研发国际化对企业创新绩效的作用过程及结果分析[J].外国经济与管理,2018,40(9):55—70.

王振,赵付春,王滢波.发展数字经济 点亮创新之路[N].人民日报,2017年5月22日(22版).

魏澄荣."一带一路"国际科技合作模式和路径研究[J].亚太经济,2017,(6):24—27.

吴玉杰,孙兰."一带一路"科技创新共同体建设的合作模式与路径研究[J].天津科技,2020,47(8):5—8+12.

夏先良.构筑"一带一路"国际产能合作体制机制与政策体系[J].国际贸易,2015,(11):26—33.

向坤.从数字经济视角看数字丝绸之路建设的内涵、结构和发展路径[J].西部论坛,2017,(11).

肖峰,马晓敏,杨敏.一带一路水务科技合作机遇与挑战[J].智库理论与实践,2016,(12):54—55.

邢伟.澜湄数字丝绸之路:建设动力与前景分析[J].西南科技大学学报:哲学社会科学版,2021,(12):55—63.

许培源,程钦良.国际科技合作赋能一带一路建设[N].中国社会科学报,2020-11-04(3).

许为宾,豆秋杰,张璐瑶,周建."一带一路"倡议下企业国际科技合作研究综述[J].现代管理科学,2018,(7):72—74.

闫思彤.陕西省与"一带一路"沿线国家科技合作模式研究[C].西安理工大学硕士论文,2021.

杨馨伟."一带一路"国际科技合作对沿线国的经济增长效应[C].华侨大学硕士论文,2020.

姚子辉."一带一路"倡议框架下福建省南南科技合作发展策略研究[J].福建省社会主义学院学报,2020,(4):101—107.

冶刚.陕西国际科技合作的法律保障体系研究——基于"一带一路"背景[J].陕西行政学院学报,2019,33(3):102—107.

叶阳平,马文聪,张光宇.中国与"一带一路"沿线国家科技合作现状研究——基于专利和论文的比较分析[J].图书情报知识,2016,(4):60—68.

殷晓婷.浅析"一带一路"战略实施与国际科技合作创新[J].科技与创新,2019,(20):72—73.

负涛,张金倩楠,李姗姗,赵新力.优化"一带一路"国际科技合作项目评审专家人数的探究[J].科技管理研究,2021,41(15):52—57.

曾建勋.推进"数字丝绸之路"构建[J].数字图书馆论坛,2015.8.

张文静.数字丝绸之路建设的内涵、结构和发展路径分析[J].质量与市场.2020,19,10月(上):103—105.

张学文;陈劲.使命驱动型创新:源起、依据、政策逻辑与基本标准[J].科学学与科学技术管理.2019.11.

张悦."一带一路"背景下如何深化沈阳市国际科技合作体系建设[J].经济师,2018,(6):159—160.

赵景华.跨国公司在华子公司研究开发战略的比较[M].北京:经济管理出版社,2006.

赵静.深化中国-东盟数字丝绸之路合作[J].中国经贸导刊,2021.5(上):24—25.

甄树宁."一带一路"战略下国际科技合作模式研究[J].国际经济合作,2016,(4):26—27.

中国信息通信研究院.中国数字经济发展白皮书2017[R]. 2017年.

朱丽波.从科学计量学角度看近十年中国科技合作态势[J].情报杂志,2015,(1):116—121+138.

后　记

　　本书是在笔者近些年来开始密切关注科技创新政策研究、并于 2018 年获得国家社科基金一般项目资助之后逐步成型的，算是一个阶段性总结。

　　本书的主题是分析不同制度背景和科技能力的国家，应当如何开展科创合作，并把"一带一路"国家作为例证来开展研究。最初的研究设想是，通过比较不同国家所出台的科创政策，通过细致的文本分析，分析它们之间的相似度。那些相似度高的国家，更加具备合作基础。

　　但是在广泛收集大量不同语言的文本，有些文本通过翻译软件处理，再一一阅读之后，笔者发现这一设想确实是有点天真了。原因有很多，主要还是认识到文本与实践之间的差距很大。一个政策的出台，固然能够反映该国对于科创问题的重视。但是仅有重视和资源的投入，对于科技创新这样一个可谓现代经济发展皇冠上的明珠而言，远远不够。

　　在科技革命热潮汹涌的今天，各国政策制定者都应该能意识到：科技创新是经济发展的源动力。但是最终我们发现，仍然只有少数国家能够持续立于浪潮之巅，其他多数国家仅仅处于追随状态，还有一些国家根本就没上道。其背后的原因已经有很多的文献和著作做过总结。笔者认为最为深刻的还得是以科斯、诺思等学者为代表的制度经济学派。

　　由此，本书要探讨的根本研究问题好像又回到了"什么样的制度安排最有利于科技创新"？

　　世界知识产权组织（WIPO）在每年发布的《国家创新指数》之中，将制度、人力资本、基础设施、市场和企业成熟度（sophistication）六个指标作为创新投入变量。"制度"里面又分为政治、管制和营商环境三个维度。从排名上看，中国实现持续攀升，从 2013 年的第 34 名上升到 2022 年的第 11 名，成为中等收入国家中最突出的一员。但是在制度指标上，近几年中国的进步并不明显，个别指标如政策稳定性、解雇成本等甚至有些退步。

当然，这类指标体系众所周知的缺点就是，对于制度这种难以量化的指标，存在的误差可能是出乎意料的大。世界知识产权组织的制度评判是否合理可以质疑，但是对于科技创新而言，要想获得持续提升和改进，对于这些难以量化的指标，各国自身需要有一个更加清醒的认识和深刻的反省。科技体制机制的改革成败与否，系源于此。

经历了十多年的倡导和推广，在"一带一路"国家的科创合作方面，无论是科研机构，还是科技企业，中国已经积累了大量的实践经验。这其中有相对成功的，也不乏失败者。目前来看，我们对于成功案例宣传得较多，而对失败案例重视程度不够。而事实上，后者可能更具参考价值。这方面还需要投入更多的研究。

在本书的写作过程中，笔者有幸赴南加州大学短期访学，其间得到马歇尔商学院陈百助教授的指点。每周我们会碰头交流，陈老师以渊博的学识、深刻的洞察力，为本书的研究提出了很多有价值的指导和建议。同时这次出访得以成行，得益于老所长王贻志研究员的大力引荐。陈隽、甄成两位老师为本书部分章节的数据分析和文献收集作出了贡献。出版社的王冲老师在编辑上非常细致，修正了原文中很多错漏。在此一并表示感谢！